W0180428

Das große Katzenbuch

Das große Katzenbuch

Die schönsten Geschichten und Gedichte
ausgewählt von **Anne Schmucke**
mit vielen Bildern von **Tomi Ungerer**

Weltbild

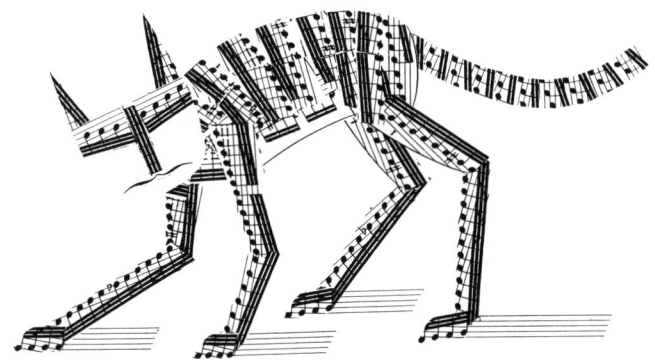

Sie sind entzückend, ganz entzückend, weil man, wenn man sie streichelt, wenn sie sich an uns schmiegen, schnurren, sich auf unsern Knien wälzen und kugeln und uns dabei mit ihren gelben Augen anschauen, die uns nie zu sehen scheinen – weil man dann nur zu sehr das Unzuverlässige ihrer Zärtlichkeit und die treulose Selbstsucht ihrer Lust spürt.

Auch Frauen lösen diese Empfindung in uns aus, bezaubernde, sanfte Frauen, mit klaren, falschen Augen, Frauen, die uns auserkoren haben, damit sie sich an der Liebe reiben können. Liegt man bei ihnen, wenn sie die Arme ausbreiten und die Lippen darbieten, wenn man sie mit wild klopfendem Herzen umschlingt, wenn man die sinnliche, schwelgerische Wonne ihrer weich schmeichelnden Liebkosungen auskostet, dann hat man die Empfindung, als halte man eine Katze umfangen, eine Katze mit Krallen und Fangzähnen, eine treulose, tückische, verliebte Feindin, die beißen wird, sobald sie der Küsse überdrüssig ist.

Alle Dichter haben Katzen geliebt. Baudelaire hat sie auf göttliche Weise besungen. Jeder kennt sein wundervolles Sonett: ›Die Katzen‹.

Maupassant

»Wenn ich mit meiner Katze spiele, wer weiß, ob sie sich nicht mit mir mehr amüsiert als ich mich mit ihr?«

Montaigne

Paul Gallico

Wie ich mein Heim eroberte

Ich verlor meine Mutter, als ich noch ein sehr kleines Kätzchen war: mit sechs Wochen stand ich allein in der Welt. Allzu unglücklich war ich aber nicht, denn ich war intelligent, sah gut aus, wußte mir zu helfen und war voller Selbstvertrauen. Auch hatte mir meine Mutter, ehe sie eines Nachts mit einem Auto zusammenprallte, schon eine Menge Instruktionen erteilt.

Eine Woche ungefähr lebte ich allein in der freien Natur und aß scheußliche Raupen und Insekten. Dann beschloß ich, mir eine Familie zu erobern und eine Hauskatze zu werden, und setzte diesen Entschluß in die Tat um.

Ich kam also aus dem Wald und sah am Rand ein kleines, freundlich aussehendes weißes Haus mit grünbemalten Fensterläden, mit einem Geräteschuppen, Blumen- und Gemüsegarten. Reblaube, Fischteich etc. Haus und Umgebung waren sauber und wohlgepflegt und gehörten offensichtlich wohlhabenden Leuten. Dies wurde mir durch einen teuren Wagen in der Garage bestätigt. Du kennst ja unser Sprichwort: »Mit Gefühlen öffnet man keine Hummerbüchse.« Wer eine arme Familie erobern will, bitte schön, soll er – mein Ehrgeiz ist das nicht.

Ich ging zur Hintertür des Hauses und rekognoszierte. Innen frühstückten ein Mann und seine Frau. Ich sah keinerlei Anzeichen von Kindern, auch nicht von Dienstboten, und das war gut. Kinder sind später einmal schon recht, man kann mit ihnen fast immer auskommen, aber wenn möglich sollte man eine Familie erobern, bevor sie eintreffen. Und Dienstboten können sehr schwierig sein.

Das Paar sah genau aus, wie ich mir die ideale Familie vorstellte. So sprang ich also an der Gittertür hoch, hing dort und weinte jämmerlich.

Sie schauten von ihrem Frühstück auf. Ich wußte genau, wie ich mich hinter dem Gittergeflecht für sie ausnahm: unwiderstehlich! Ich tat, als verlöre ich den Halt, ließ mich fallen und kletterte wieder hoch und hörte nicht auf zu weinen. Die Frau sagte: »Ach schau doch! Das arme kleine Ding, es möchte hereinkommen. Vielleicht ist es hungrig. Ich geb' ihm ein wenig Milch.«

Genau das hatte ich erwartet. Schon hatte ich sie! Ich brauchte bloß noch eine Pfote in die Tür zu kriegen, und –

Aber so einfach war es denn doch nicht. Der Mann!

Er hob ein Gebrüll an, stieß scharrend seinen Stuhl zurück, hämmerte mit den Fäusten auf den Tisch und schrie, er hasse Katzen und wolle keine im Haus. Dann brachte er all die uralten Klischees vor, wir seien eine Plage, mischten uns überall hinein, zerkratzten die Möbel und röchen schlecht. Er krähte: »Nix! Kommt nicht in Frage! Wenn du sie unbedingt füttern mußt, gib ihr ein wenig Milch im Schuppen und jag sie nachher fort. Aber sie kommt mir hier nicht herein!«

»Oho«, sagte ich mir, »du mußt mit Vorsicht behandelt werden, mein Freund, und ich bin genau die Richtige dafür.« Ob ihr es glaubt oder nicht, sein Widerstand machte mir beinahe Vergnügen. Es würde ein Spaß sein, ihn zu brechen. Wenn es eine lustige Aufgabe gibt, dann die, einen Mann zu bekehren, der sich für einen richtigen Katzenfeind hält. Und während mir diese Gedanken durch den Kopf gingen, ließ ich mich immer wieder vom Gitter fallen, kletterte wieder hoch und weinte dazu herzzerreißend.

Die Frau öffnete die Gittertür, hob mich hoch und sagte: »Mach doch kein solches Theater, Liebling. Ich geb' ihr schnell ein wenig Milch. Dann setzen wir sie wieder ins Freie.«

Habt ihr verstanden? Je mehr die Männer toben, schimpfen, schreien und brüllen, desto weniger werden sie beachtet. Denn, obwohl er immer noch lauthals protestierte, wo war ich? Im Haus, und lappte Milch aus einer Untertasse.

Einmal drinnen, wußte ich genau, was ich zu tun hatte, denn meine Mutter mußte selbst einen schwierigen Menschen behandeln und hatte mir viel beigebracht über Männer und darüber, wie ich mit ihnen umgehen sollte. Ich ignorierte ihn einfach und hielt mich an die Frau, die mich mit allen möglichen weichen, flötenden Tönen bedachte und mich »Liebes«, »Süßes«, »Braves« und »Schätzchen« nannte. Und natürlich – je mehr Theater sie mit mir machte, desto zorniger wurde der Mann, bis er schließlich schrie: »Das reicht nun wohl! Los, jag es weg!«

Die Frau sagte zum Mann: »Aber natürlich, Schatz, wie du willst«, hob mich auf und setzte mich draußen nieder mit den Worten: »So, Pussy, marsch!« Aber natürlich wußte ich, daß sie es nicht ernst meinte, und sprang sofort wieder am Gittergeflecht hoch und weinte, ich möchte wieder hinein, und der Mann rief: »Siehst du jetzt! Siehst du, was du getan hast? Bring sie zum Wald hinüber.«

Das tat sie, aber sobald sie sich umgedreht hatte, folgte ich ihr zurück zum Haus. Das wiederholten wir noch zweimal, und der Mann kam im Hut aus dem Haus, saß dann in seinem Auto und sah zu. Beim vierten Mal setzte ich mich einfach am Waldrand nieder und schaute elend drein. Der Mann gab seiner Frau einen Abschiedskuß, und das letzte, was er tat, ehe er abfur, war, sich umzudrehen und zu sehen, wie ich da saß, ganz allein und verloren. Ich war zufrieden, denn ich war sicher, ihm seinen Tag verdorben zu haben; er würde an nichts anderes denken können als an mich.

Natürlich kam die Frau aus dem Haus, sobald das Auto jenseits der Straßenkurve verschwunden war, hob mich auf und trug mich hinein; das hatte ich ja im voraus gewußt. Ich hatte sie da, wo ich sie haben wollte. Wir hatten einen wundervollen Tag zusammen.

Gegen Abend nahm sie mich in ihre Arme, küßte mich und sagte: »Jetzt, Pussy, wirst du wohl gehen müssen. Gleich kommt er heim.« Sie setzte mich ins Freie, und bald erschienen die Autoscheinwerfer um die Ecke, und der Mann kam heim. Ich blieb draußen, bis es ganz dunkel war, und versetzte mich dann in die richtige Stimmung, um mir furchtbar leid zu tun: ich war einsam und schon wieder hungrig, und so saß ich dann außen an der Gittertür und weinte und weinte aus Leibeskräften.

Im Eßzimmer brannte das Licht. Durchs Fenster sah ich, wie sie aßen. Ich ging unter das Fenster und weinte lauter.

Plötzlich schmiß der Mann Messer und Gabel hin und schrie: »Ich kann dieses Geschrei nicht ertragen!«

Die Frau sagte: »Was für ein Geschrei?«

Der Mann bellte: »Diese verdammte Katze! Ich hab's dir schon am Morgen gesagt, daß das dabei herauskommen würde!«

Verdammte Katze! Jawohl, so nannte er mich. Nun, er würde noch vor mir im Staub kriechen.

Ich legte meine ganze Seele in meine Miaus. Sie hätten ein Herz aus Stein zum Schmelzen gebracht.

Die Frau sagte: »Ach, das arme kleine Ding. Es hat sicher wieder Hunger.«

Der Mann schrie: »Zum Kuckuck, warum holst du es dann nicht herein und fütterst es?«

Die Frau erwiderte: »Weil du doch sagtest . . .«

Der Mann schnaubte, warf seine Zeitung beiseite und rief: »Ich? Das kannst du selber tun, du hast sie auch hereingeholt!«

»Schatz, ich hab's dir doch gesagt, ich bin schon im Nachthemd. Bring die Katze doch an den Waldrand!«

Der Mann knurrte: »Verdammt nochmal! Also gut!« hob mich auf, nahm eine Taschenlampe und trug mich hinaus. Er hielt mich äußerst ungeschickt, und als ich den Kopf unter sein Kinn schmiegte, murrte er: »Laß das, Pussy«, und da wußte ich, ich hätte ihn auf der Stelle weichkriegen können, wenn ich mich nur ein bißchen an seinem Bart gerieben und dazu geschnurrt hätte. Ich wußte jetzt, daß ich ihn erobern konnte, wann immer ich wollte. Aber mir eilte das nicht. Ich beschloß, ihn so weich zu bekommen, daß er mein völlig ergebener Sklave würde. Je mehr Schuldgefühle ich bei ihm erzeugen konnte, desto besser. Und als er sich anschickte, mich im Wald abzusetzen, schlug ich einfach meine Krallen in sein Hemd und weinte los.

Er machte mich los und setzte mich nieder. Ich schrie unentwegt weiter, als er wegging. Natürlich – ich wußte, daß er das tun würde – drehte er sich um und knipste seine Taschenlampe an, um zu sehen, ob ich ihm nachlaufe, und natürlich folgte ich ihm. Er hob mich wieder auf, sagte rauh: »Verdammt nochmal, Pussy, bleib hier!« Ich klammerte mich wieder an sein Hemd. Wir wiederholten das einige Male. Schließlich schmiegte ich den Kopf wieder unter sein Kinn, und er sagte: »Nun, meinetwegen . . .«, und ich hob an zu schnurren. Er warnte: »Mach dir bloß keine falschen Hoffnungen, Pussy!« und marschierte los mit mir, aber diesmal trug er mich zum Schuppen und kramte dort herum, bis er ein altes Kistchen fand, und in das verstaute er mich. »So«, sagte er, »du kannst da bleiben, aber mach um Himmels willen keinen Lärm.« Dann ging er wieder, aber er konnte nicht anders, er mußte sich umdrehen und die Taschenlampe anknipsen, um zu sehen, ob ich ihm wieder nachliefe. Diesmal nicht. Ich saß einfach da und sah ihn an, aus der Kiste schaute nur mein Kopf, und er stand da und sah mich an.

Er kam zurück in den Schuppen, ganz ratlos, nahm mich aus der Kiste und sagte: »Was soll das, zum Kuckuck, Pussy?« Ich wühlte meinen Kopf in seinen Hals und schnurrte wie besessen. Er sagte: »O nein. Ins Haus kommst du nicht.« Und dann: »Die Kiste ist dir wohl nicht gut genug? Wollen mal sehen . . .« Er setzte mich ab und fing wieder an zu suchen, bis er ein Stück alte Wolldecke fand. Er schüttelte es aus und formte es zu einem kleinen Nest für mich. »So«, sagte er, »wie gefällt dir jetzt das, Pussy?«

Ich beschloß, jetzt müsse ich mit seiner Erziehung anfangen. Ich kletterte wieder in die Kiste. Er verlor die Geduld und brüllte: »Himmelherrgott! Dann bleib halt in der Kiste!« und fing wieder an, wegzugehen. Aber ich wußte, er würde nicht anders können, als sich wieder nach mir umzusehen, und als er das tat, war ich bereit. Diesmal versetzte ich ihm ein lautes Miau.

»Lieber Himmel, Pussy! Ich kann doch nicht die ganze Nacht hierbleiben. *Was* willst du denn?«

Ich miaute nochmals. Er kam zurück, hob mich hinaus, nahm die Wolldecke, legte sie in die Kiste und setzte mich wieder hinein. *Das* hatte ich gewollt, und ich gab es ihm zu verstehen, indem ich sofort in der Kiste Kreise drehte, mein Bett machte und mich darin zusammenrollte, schnurrend. Er schaute einen Moment lang auf mich herunter und sagte: »Okay, Pussy, ich hab's kapiert«, und ging ins Haus zurück.

Seine Frau hatte wohl an der Tür auf ihn gewartet, denn ich hörte sie sagen: »Schatz, was hast du denn so lang gemacht?« und seine Antwort: »Ich glaube, es wird regnen. Ich hab' die Katze in den Schuppen getan, dort kann sie bleiben.« Ha! ha! ha! Ich dort bleiben! Der hatte Humor! Ich kicherte mich in den Schlaf. Nun konnte es natürlich gar nicht mehr lange dauern; ich dachte, am Abend drauf würde ich ihn wohl in Besitz nehmen können.

Es war ein heißer, schwüler Sommerabend. Ich saß auf dem Schoß der Frau und hinderte sie am Nähen; der Mann las wie gewöhnlich seine Zeitung. Ich sprang von ihrem Schoß herunter, streckte mich wohlig und ausgiebig, ging zu ihm hinüber, setzte mich und schaute zu ihm auf. Zuerst tat er, als bemerke er mich nicht, aber schließlich legte er seine Zeitung weg und fragte: »Was willst du denn, Pussy?«

Ich ließ ihm die volle Behandlung angedeihen – das große Begrüßungsritual samt An-den-Beinen-Reiben. Wie erwartet wurde er butterweich. Er säuselte: »Ja, du kleines Hübsches, willst du denn auf *meinen* Schoß?« Und er hob mich auf und legte mich auf seinen Schoß und streichelte mich und kraulte mich am Kinn. Und ich ließ mein Schnurren los und all meinen Charme und wandte sämtliche Tricks an, rollte mich in seinem Schoß zusammen und lehnte mich an ihn und leckte ein paarmal seine Hand, ich strich den Honig so dick auf, daß er förmlich triefte. Natürlich schmolz ich beinahe hin. Er fing an, idiotisches Zeug zu murmeln, zum Beispiel: »Was will sie denn, die kleine Pussy?« und sagte das immer wieder. Er schoß triumphierende Blicke zu seiner Frau hinüber, die schweigend weiternähte. Dann blitzte es plötzlich. Donner krachte und Regen rauschte hernieder. Sie gingen durchs ganze Haus, Fenster schließend, und der Mann trug mich mit sich herum und sagte: »Nur keine Angst, kleine Pussy, das ist nur ein kleines Gewitterchen, nichts Gefährliches.«

Ein wenig später hatten Blitz und Donner aufgehört, aber es regnete immer noch. Die Frau sagte: »Jetzt können wir wohl schlafen gehen. Tust du die Katze hinaus?« Er schaute sie an, als ob sie von allen guten Geistern verlassen wäre, und brüllte. »Was, hinaustun in einer solchen Nacht? Bist du verrückt?«

»Wieso? Sie ist im Schuppen gut aufgehoben. Sagtest du nicht, du wolltest keine Katze im Haus . . .?«

Der Mann war wütend. »Jawohl, ich will keine Katze im Haus«, schrie er, »aber das heißt nicht, daß sie bei einem Wolkenbruch hinaus muß. Sie zittert ja wie Espenlaub! Hast du kein Herz?« Oh, ja, ich zitterte. Von der Anstrengung, die es mich kostete, nicht laut herauszulachen.

Seine Frau zuckte die Achseln. »Wie du willst. Ich hab' ja nur wiederholt, was du sagtest, als . . .«

»Selbstverständlich wie ich will! Wir können ihr in der Küche ein Kissen auf den Boden legen.«

Sie gingen hinauf, ich hörte, wie sie sich dort herumbewegten. Nach einer Weile ging das Licht aus, und die Frau sagte: »Du hast die Schlafzimmertür offengelassen.«

Der Mann meinte: »Wenn ein neues Gewitter kommt oder sonst etwas und Pussy hätte Angst, würden wir sie ja sonst nicht hören, oder?«

Selbstverständlich ging ich mitten in der Nacht hinauf ins Schlafzimmer, sprang aufs Bett und schlief auf der Wolldecke über seinen Füßen, da war es wunderschön warm.

Am Morgen weckte ich ihn, indem ich über sein Gesicht lief und ihm eine Pfote in den Mund steckte. Er setzte sich auf, packte mich und sagte: »Du kleiner Racker, du! Wer hat dich hierher eingeladen? Komm, laß dich anschauen.« Und er fing an, mit mir zu spielen. Ich schmiegte den Kopf unter sein Kinn und schnurrte.

Seine Frau sagte: »Schatz, glaubst du, es ist gut, sie im Bett zu haben . . .?«

Er schaute böse zu ihr hinüber. »Wieso? Warum denn nicht? Schau, sie ist ganz verrückt nach mir. Katzen sind doch saubere Tiere, nicht?«

»Ja, aber —«

»Aber was? Sie ist auf meiner Bettseite; ich weiß nicht, worüber du dich beklagst.«

Wir frühstückten alle miteinander in der Küche, und ich saß dabei auf seiner Schulter oder lag ausgestreckt auf der Stuhllehne hinter seinem Rücken.

Der Mann saß äußerst selbstgefällig da und sagte: »Schau bloß den kleinen Racker an, was ist in ihn gefahren?«

Die Frau sagte: »Nicht ihn, sie. Es ist ein Weibchen. Ich glaube, sie ist in dich verliebt.«

Diese Bemerkung wirkte sehr seltsam auf den Mann, er lachte lauter als nötig, fummelte nach seinen Zigaretten und wußte nicht, was er mit seinen Händen tun sollte. Er errötete sogar. Er sagte: »Unsinn! Ich hab' sie bloß richtig behandelt letzte Nacht, als das Gewitter war. Sie ist dankbar.«

Ich strich auf der Stuhllehne hin und her, rieb mich an seinem Hals und schnurrte. Als er an diesem Morgen zur Arbeit ging, küßte er zum Abschied seine Frau, sagte: »Tschüs, tschüs, Pussy.« zu mir und dann, als er die Tür öffnete, zu seiner Frau: »Paß gut auf meine Katze auf.«

An diesem Abend hockte ich auf seiner Schulter, während er die Zeitung las. Plötzlich legte er die Zeitung weg, gähnte, streckte sich und sagte: »Schlafenszeit, denke ich. Komm,

Pussy.« Kein Wort mehr vom Schuppen. Kein Wort mehr von der Küche. Wir gingen alle drei hinauf und ins Bett.

So kam ich in mein Haus.

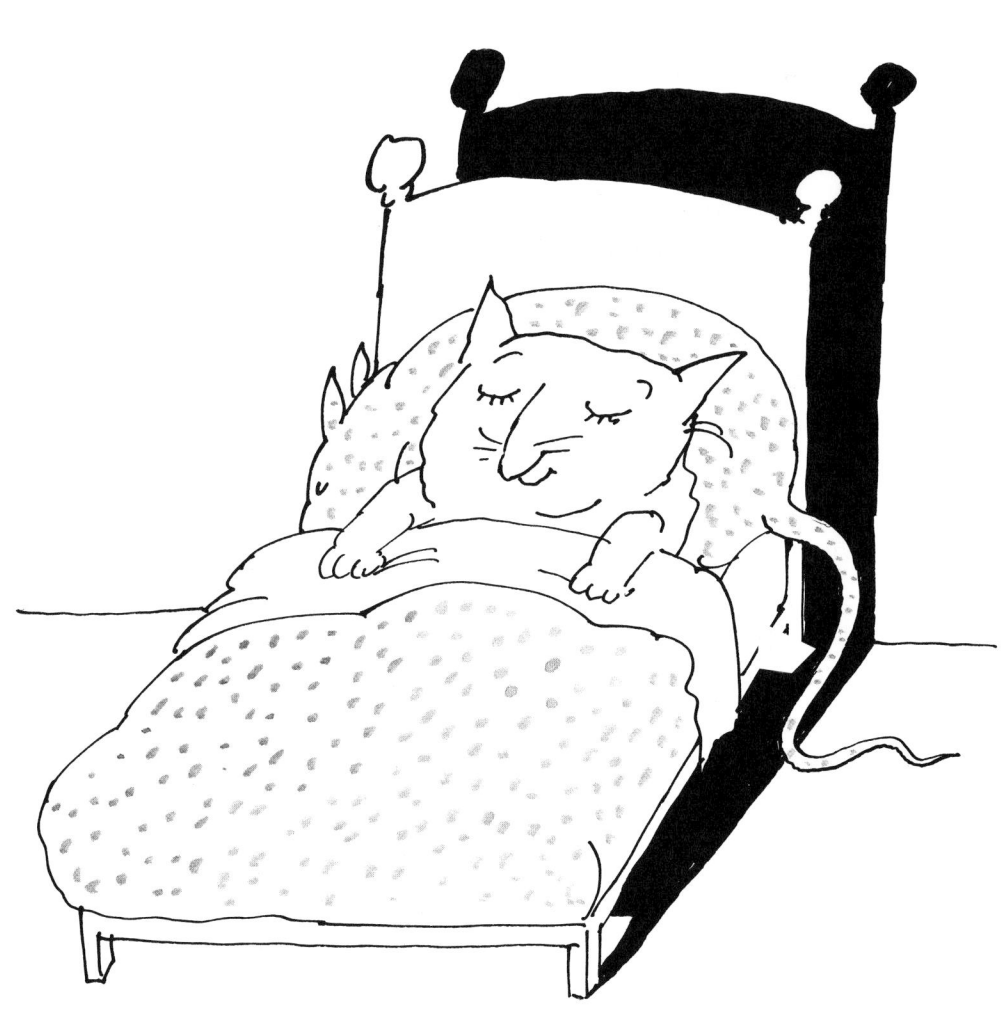

Emile Zola

Das Paradies der Katzen

Eine Tante hat mir einen Angorakater vermacht, der wirklich das bornierteste Tier ist, das ich kenne. Was hier folgt, hat mir mein Kater an einem Winterabend am Kamin erzählt.

I

Ich war damals zwei Jahre alt und war bestimmt der fetteste und einfältigste Kater, den man sich denken kann. In jenem zarten Alter war ich noch so überheblich, daß ich das Behagen eines warmen Zuhauses verachtete. Dennoch mußte ich der Vorsehung danken, daß sie mich bei Ihrer Tante untergebracht hatte. Die brave Frau liebte mich über alles. Ich hatte unten in einem Schrank ein richtiges Schlafzimmer mit Federkissen und drei Decken. Das Essen war ebenso gut wie das Lager; niemals Brot, niemals Suppe, nur Fleisch, gutes saftiges Fleisch.

Trotzdem hatte ich inmitten dieses Wohllebens nur den einen Wunsch, nur den einen Traum, mich durch das halb geöffnete Fenster davonzustehlen und auf die Dächer zu flüchten. Die Liebkosungen fand ich fade. Mein weiches Bett widerte mich an. Ich war so fett, daß ich mich vor mir selbst ekelte. Und den ganzen Tag glücklich zu sein, langweilte mich maßlos.

Ich muß erwähnen, ich habe, als ich den Hals reckte, durch das Fenster das Dach gegenüber gesehen. An jenem Tage balgten sich dort vier Katzen mit gesträubtem Fell und hochstehendem Schwanz, wälzten sich in der Sonne auf den blauen Schiefern und stießen dabei Freudenschreie aus. Noch nie hatte ich ein so ungewöhnliches Schauspiel gesehen. Von da an stand eins für mich fest: das wahre Glück war auf jenem Dach hinter dem Fenster, das man so sorgfältig schloß. Daß es so sein mußte, bewies, daß man auch die Türen der Schränke verschloß, hinter denen das Fleisch versteckt war.

Ich gab meinen Fluchtplan nicht auf. Es mußte im Leben noch etwas anderes geben als saftiges Fleisch. Dort war das Unbekannte, das Ideal. Eines Tages vergaß man, das Küchenfenster zu schließen. Ich sprang auf ein kleines Dach, das sich darunter befand.

Wie schön die Dächer waren! Breite Traufen säumten sie, aus denen köstliche Gerüche kamen. Mit einem Gefühl der Wollust lief ich durch diese Traufen. Meine Pfoten versanken in einem weichen Schmutz, der sehr feucht war und unendlich wohltat. Es war mir, als ginge ich auf Samt, und in der Sonne war es wunderbar warm. Eine Wärme, die mein Fett schmelzen ließ.

Ich will Ihnen nicht verhehlen, daß ich am ganzen Leibe zitterte. In meine Freude mischte sich Entsetzen. Ich erinnere mich vor allem an ein furchtbares Gefühl, das mich fast auf das Pflaster hinunterstürzen ließ. Drei Kater, die sich auf dem Giebel eines Hauses wälzten, kamen mit gräßlichem Miauen auf mich zu. Und als ich fast ohnmächtig wurde, sagten sie, ich sei dumm, sie miauten nur zum Spaß. Woraufhin ich mit ihnen zu miauen begann. Es war entzückkend. Die Spaßvögel waren nicht fett wie ich. Sie machten sich über mich lustig, als ich wie eine Kugel über die in der Sonne schmorenden Zinkplatten rollte. Ihr Anführer, ein alter Kater, befreundete sich besonders mit mir. Er erbot sich, mich zu unterweisen, was ich dankbar annahm.

Ach, wie weit weg war die behagliche Atmosphäre bei Ihrer Tante! Ich trank aus den Dachrinnen, und nie hat mir gezuckerte Milch so süß geschmeckt! Alles erschien mir gut und schön. Eine Katze kam vorüber. Eine bezaubernde Katze, deren Anblick ein ganz neues Gefühl in mir weckte. Nur in meinen einsamen Träumen hatte ich bis dahin jene herrlichen Geschöpfe gesehen, deren Rücken so wunderbar geschmeidig ist. Wir, meine drei Gefährten und ich, eilten auf sie zu. Ich war schneller als die anderen und war gerade dabei, der reizenden Katze Schmeichelhaftes zu sagen, als einer meiner Kameraden mich grausam in den Hals biß. Ich stieß einen Schmerzensschrei aus.

»Bah«, sagte der alte Kater, mich mit sich ziehend, »Sie werden noch viele ihresgleichen sehen.«

3

Nach einem einstündigen Spaziergang verspürte ich einen Riesenappetit.

»Was ißt man auf den Dächern?« fragte ich meinen Freund, den Kater.

»Was man findet«, erwiderte er weise.

Diese Antwort verwirrte mich, denn soviel ich auch suchte, ich fand nichts. Schließlich bemerkte ich in einer Mansarde eine junge Arbeiterin, die ihr Mittagessen bereitete. Auf dem Tisch unter dem Fenster lag ein schönes, appetitliches rotes Kotelett.

Das wäre was für mich, dachte ich äußerst naiv.

Und ich sprang auf den Tisch und ergriff das Kotelett. Aber die Arbeiterin, die mich gesehen hatte, versetzte mir einen scheußlichen Schlag mit dem Besenstiel auf den Rücken. Ich ließ das Fleisch fallen und flüchtete laut fluchend.

»Sie sind wohl von gestern«, sagte der Kater zu mir. »Das Fleisch, das auf Tischen liegt, darf man nur von fern begehren. In den Regenrinnen muß man suchen.«

Nie habe ich begreifen können, daß das Fleisch in den Küchen nicht den Katzen gehört. Mein Bauch begann ernstlich wütend zu werden. Der Kater machte mich noch völlig verzweifelt mit der Bemerkung, man müsse abwarten, bis es Nacht sei. Wir würden dann auf die Straße hinuntergehen und in den Müllhaufen wühlen. Abwarten, bis es Nacht sei! Er sagte das mit der Ruhe eines abgebrühten Philosophen. Mir wurde schon allein bei dem Gedanken an dieses noch lange währende Fasten schwach.

4

Die Nacht kam langsam, eine neblige Nacht, in der ich Stein und Bein fror. Bald begann es zu regnen, ein feiner, durchdringender, von Windstößen gepeitschter Regen. Wir gingen die Treppe hinunter und durch eine Glastür hinaus. Wie häßlich mir die Straße vorkam! Nichts mehr von der wohligen Wärme, der strahlenden Sonne, den im Lichte gleißenden Dächern, auf denen man sich so köstlich sielen konnte. Meine Pfoten rutschten auf dem glitschigen Pflaster. Voller Bitterkeit dachte ich an meine drei Decken und mein Federkissen zurück.

Kaum waren wir auf der Straße, da begann mein Freund, der Kater, zu zittern. Er machte sich klein, ganz klein, schlich an den Häusern entlang und sagte mir, ich solle ihm schnellstens folgen. Als er an eine Toreinfahrt kam, verschwand er hastig darin, wobei er befriedigt schnurrte. Auf meine Frage, warum er sich dort hineingeflüchtet habe, antwortete er:

»Haben Sie denn nicht den Mann mit der Kiepe und dem Eisenhaken gesehen?«

»Doch.«

»Nun, wenn er uns bemerkt hätte, hätte er uns erschlagen, am Spieß gebraten und verzehrt!«

»Am Spieß gebraten und verzehrt!« rief ich. »Aber gehört denn die Straße nicht uns? Man findet nichts zu fressen und wird gefressen!«

Inzwischen hatte man die Mülleimer vor den Türen entleert. Ich suchte verzweifelt in den Haufen, fand zwei oder drei magere Knochen, die in der Asche gelegen hatten. Da wurde mir klar, wie wundervoll eine frische Lunge schmeckt. Mein Freund, der Kater, durchsuchte behende die Müllhaufen. Bis zum Morgen mußte ich mit ihm herumlaufen; er ließ keine Straße aus und beeilte sich nicht im geringsten. Fast zehn Stunden lang wurde ich vom Regen klatschnaß, und mich fror zum Erbarmen. Verfluchte Straße, verfluchte Freiheit! Ach, wie sehnte ich mich nach meinem Gefängnis zurück!

Als es Tag geworden war, fragte der Kater, der mich schwanken sah, mit seltsamer Miene: »Haben Sie jetzt genug?«

»Ja! Ja!« antwortete ich.

»Wollen Sie nach Hause zurück?«

»Natürlich. Aber wie soll ich das Haus wiederfinden?«

»Kommen Sie. Als ich Sie heute morgen herauskommen sah, wußte ich sofort, daß ein fetter Kater wie Sie für die bitteren Freuden der Freiheit nicht geschaffen ist. Ich weiß, wo Sie wohnen, und werde Sie dorthin bringen.«

Er sagte das ganz selbstverständlich, mein würdevoller Lehrer. Als wir am Ziel waren, verabschiedete er sich von mir kühl und sachlich.

»Nein«, rief ich. »So werden wir uns nicht trennen. Sie kommen mit mir mit. Wir werden Bett und Fleisch teilen. Meine Herrin ist eine brave Frau . . .«

Er ließ mich nicht ausreden.

»Schweigen Sie«, sagte er grob. »Sie sind ein Narr. Ich würde in Ihrer verweichlichten Welt umkommen. Ihr üppiges Leben ist gut für Katzen wie Sie. Die freien Katzen würden nie für Ihr Wohlleben und Ihr Federkissen in Gefangenschaft gehen . . . Leben Sie wohl.«

Und er kehrte auf seine Dächer zurück. Ich sah in der aufgehenden Sonne seine schlanke Gestalt vor Behagen zittern.

Als ich nach Hause kam, ergriff Ihre Tante die Klopfpeitsche und verabfolgte mir eine Tracht Prügel, die ich mit großer Freude empfing. Nur allzu sehr genoß ich das wollüstige Gefühl, es warm zu haben und verprügelt zu werden. Während sie mich schlug, dachte ich voller Wonne an das Fleisch, das sie mir danach geben würde.

»Wissen Sie«, schloß mein Kater – sich vor der Glut in meinem Kamin streckend –, »das wirkliche Glück, das Paradies, mein lieber Herr, ist es, in einem Zimmer, in dem Fleisch liegt, eingesperrt und verprügelt zu werden.

Das gilt für alle Katzen.«

Heinrich Heine
Mimi

Bin kein sittsam Bürgerkätzchen,
Nicht im frommen Stübchen spinn' ich.
Auf dem Dach, in freier Luft,
Eine freie Katze bin ich.

Wenn ich sommernächtlich schwärme,
Auf dem Dache, in der Kühle,
Schnurrt und knurrt in mir Musik,
Und ich singe, was ich fühle.«

Also spricht sie. Aus dem Busen
Wilde Brautgesänge quellen,
Und der Wohllaut lockt herbei
Alle Katerjunggesellen.

Alle Katerjunggesellen,
Schnurrend, knurrend alle kommen,
Mit Mimi zu musizieren,
Liebelechzend, lustentglommen.

Das sind keine Virtuosen,
Die entweiht jemals für Lohngunst
Die Musik, sie blieben stets
Die Apostel heil'ger Tonkunst.

Brauchen keine Instrumente,
Sie sind selber Bratsch' und Flöten;
Eine Pauke ist ihr Bauch,
Ihre Nasen sind Trompeten.

Sie erheben ihre Stimmen
Zum Konzert gemeinsam jetzo;
Das sind Fugen wie von Bach
Oder Guido von Arezzo.

Das sind tolle Symphonien,
Wie Kapricen von Beethoven
Oder Berlioz, der wird
Schnurrend, knurrend übertroffen.

Wunderbare Macht der Töne!
Zauberklänge sondergleichen!
Sie erschüttern selbst den Himmel,
Und die Sterne dort erbleichen.

Wenn sie hört die Zauberklänge,
Wenn sie hört die Wundertöne,
So verhüllt ihr Angesicht
Mit dem Wolkenflor Selene.

Nur das Lästermaul, die alte
Primadonna Philomele,
Rümpft die Nase, schnupft und schmäht
Mimis Singen – kalte Seele!

Doch gleichviel! Das musizieret
Trotz dem Neide der Signora,
Bis am Horizont erscheint
Rosig lächelnd Fee Aurora

T. S. Eliot
Wie heißen die Katzen

Wie heißen die Katzen? gehört zu den kniffligsten Fragen
    Und nicht in die Rätselecke für jumperstrickende Damen.
Ich darf Ihnen, ganz im Vertrauen, sagen:
    Eine jede Katze hat *drei verschiedene Namen.*
Zunächst den Namen für Hausgebrauch und Familie,
    Wie Paul oder Moritz (in ungefähr diesem Rahmen),
Oder Max oder Peter oder auch Petersilie –
    Kurz, lauter vernünft'ge, alltägliche Namen.
Oder, hübscher noch, Murr oder Fangemaus
    Oder auch, nach den Mustern aus klassischen Dramen:
Iphigenie, Orest oder Menelaus –
    Also immer noch ziemlich vernünft'ge, alltägliche Namen.
Doch nun zu dem nächsten Namen, dem zweiten:
    Den muß man besonders und anders entwickeln.
Sonst könnten die Katzen nicht königlich schreiten,
    Noch gar mit erhobenem Schwanz perpendikeln.
Zu solchen Namen zählt beispielsweise
    Schnurroaster, Tatzitus, Katzastrophal,
Kralline, Nick Kater und Kratzeleise –
    Und jeden der Namen gibt's nur einmal.
Doch schließlich hat jede noch einen dritten!
    Ihn kennt nur die Katze und gibt ihn nicht preis.
Da nützt kein Scharfsinn, da hilft kein Bitten.
    Sie bleibt die einzige, die ihn weiß.
Sooft sie versunken, versonnen und
Verträumt vor sich hinstarrt, ihr Herren und Damen,
Hat's immer und immer den gleichen Grund:
    Dann denkt sie und denkt sie an diesen Namen –
    Den unaussprechlichen, unausgesprochenen,
    Den ausgesprochenen unaussprechlichen,
Geheimnisvoll dritten Namen.

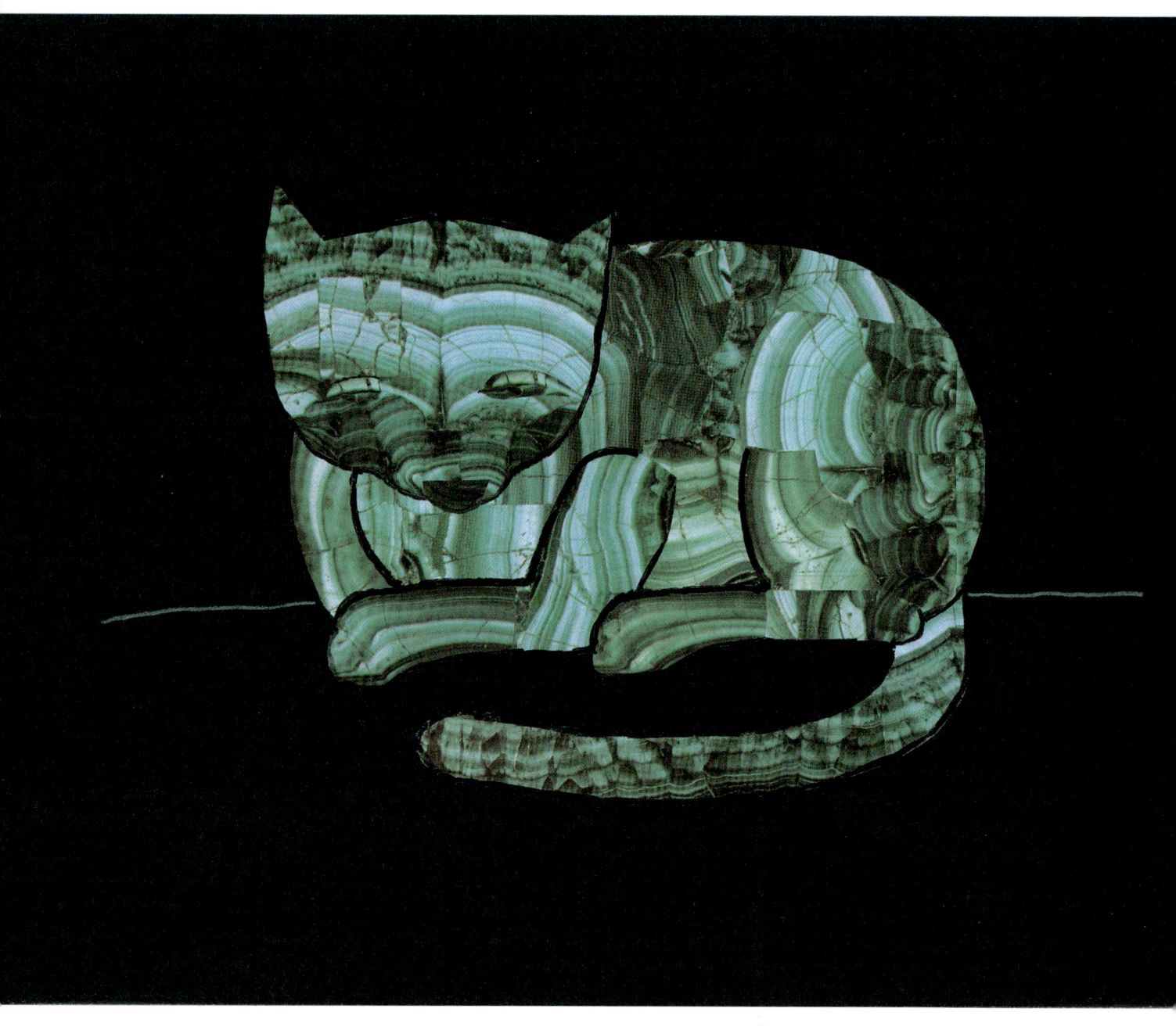

Rudyard Kipling

Die Katze geht ihre eigenen Wege

Hör zu und paß auf und gib acht, denn dies ereignete und begab sich und trug sich zu, als die Haustiere noch wild waren. Der Hund war wild, und das Pferd war wild, die Kuh war wild, und das Schaf war ebenso wild, und das Schwein war so wild, wie es nur sein konnte, und alle liefen auf wilden Wegen im nassen wilden Wald herum. Aber das wildeste aller wilden Tiere war die Katze. Sie ging ihre eigenen Wege, und es war ihr gleichgültig, wohin diese Wege sie führten.

Natürlich war der Mensch auch wild. Er war sogar furchtbar wild. Und er dachte nicht daran, zahmer zu werden, bis eines Tages der Mann die Frau traf und die Frau dem Mann sagte, daß es ihr nicht gefiele, auf so wilde Weise zu leben. Sie suchte eine hübsche trockene Höhle als Schlafstätte aus, weil ihr das Lager des Mannes, ein Haufen nasser Blätter, nicht angenehm genug war, und sie streute sauberen Sand auf den Boden und machte ein feines Holzfeuer hinten in der Höhle und hängte – mit dem Schwanz nach unten – die getrocknete Haut eines wilden Pferdes vor den Eingang der Höhle und sagte: »Streich dir die Füße ab, wenn du nach Hause kommst, mein Herz, und nun wollen wir ein glückliches Familienleben anfangen.«

An diesem Abend aßen sie wildes Hammelkotelett, das sie auf heißen Steinen geröstet und mit wildem Knoblauch und wildem Pfeffer gewürzt hatten. Als zweiten Gang aßen sie Wildente, die mit wildem Reis, wilden Kastanien und wilden Äpfeln gefüllt war, und schließlich Brötchen, die mit dem Mark wilder Ochsen belegt waren, dazu wilde Kirschen und wilden Kuhkäse. Darauf legte sich der Mann dicht vor dem Feuer zum Schlafen nieder und schlief selig ein, aber die Frau blieb noch auf und kämmte ihr Haar.

Dann nahm sie den Schulterknochen eines Hammels – jenen großen flachen Knochen – und sah sich an, wie merkwürdig er gezeichnet war. Sie warf mehr Holz in das Feuer, und dann machte sie einen Zauber. Dies war der erste Zauber, der je in der Welt gemacht worden ist.

Draußen in den nassen wilden Wäldern standen alle die wilden Tiere beieinander und sahen nach dem Schein des Feuers hinüber, das weithin sichtbar war, und sie zerbrachen sich die Köpfe, was es bedeuten könne.

Da stampfte das wilde Pferd mit seinem wilden Huf auf und sagte: »O Freunde und Feinde, warum haben der Mann und die Frau ein so großes Licht in der großen Höhle gemacht, und wieviel Böses haben wir davon zu erwarten?«

Der wilde Hund streckte seine wilde Nase empor und erschnüffelte das wilde Hammelkotelett und sagte: »Ich will hingehen und nachsehen und euch Bescheid sagen – das kann uns ganz nützlich sein. Katze, du sollst mich begleiten.«

»Nein, nein«, sagte die Katze, »ich bin die Katze, die ihre eigenen Wege geht. Ich pflege nicht in Begleitung zu gehen. Ich komme nicht mit.«

»So werden wir nie wieder Freunde sein«, sagte der wilde Hund und machte sich auf den Weg nach der Höhle. Als er ein kleines Stückchen fort war, sagte die Katze zu sich selbst: ›Mir ist's gleichgültig, wohin meine Wege führen. Warum soll ich nicht auch dorthin gehen und mir alles ansehen und wieder fortgehen, wie es mir paßt!‹ So schlich sie dem wilden Hund leise, ganz leise nach und versteckte sich an einer Stelle, wo sie alles mitanhören konnte.

Als der wilde Hund an den Eingang der Höhle kam, schob er die getrocknete Pferdehaut mit seiner Nase empor und sog den Duft des wilden Hammelkoteletts mit vollen Zügen ein. Als die Frau, die noch immer den Schulterknochen betrachtete, ihn bemerkte, lachte sie und sagte: »Da kommt der erste. Wildes Tier aus wildem Wald, was willst du?«

Der Hund antwortete: »O Feindin und Frau meines Feindes, was riecht so herrlich im wilden Wald?«

Da nahm die Frau einen schönen Knochen, der von einem wilden Hammelkotelett übriggeblieben war, warf ihn dem Hund hinüber und sagte: »Wildes Tier aus wildem Wald, koste und friß.« Der Hund nagte den Knochen ab und fraß ihn auf, und er schmeckte herrlicher als alles, was er jemals gegessen hatte, und er sagte: »O Feindin und Frau meines Feindes, gib mir noch einen.«

Die Frau antwortete: »Wildes Tier aus wildem Wald, hilf am Tage meinem Mann jagen und bewache die Höhle in der Nacht, und ich gebe dir so viele Knochen, wie du willst.«

»Aha«, sagte die Katze in ihrem Versteck, »das ist eine kluge Frau, aber sie ist nicht so klug wie ich.«

Der wilde Hund kroch in die Höhle und legte seinen Kopf der Frau in den Schoß und sagte: »O Freundin und Frau meines Freundes, am Tage will ich deinem Mann jagen helfen, und nachts will ich deine Höhle bewachen.«

»Aha!« sagte die Katze in ihrem Versteck, »das ist ein zu blöder Hund.« Und sie wandelte zurück durch die nassen wilden Wälder, schwenkte ihren Schwanz und ging ihre eigenen wilden Wege. Aber sie erzählte niemandem ein Wort.

Als der Mann aufwachte, sagte er: »Was tut der wilde Hund hier?«

Und die Frau antwortete: »Er ist kein wilder Hund mehr, sondern unser bester Freund, denn er will für ewig und alle Zeit bei uns bleiben. Nimm ihn mit, wenn du auf die Jagd gehst.«

Am nächsten Abend schnitt die Frau auf den Wasserwiesen große grüne Büschel frisches und schönstes Gras ab, viele Armvoll, und trocknete es vor dem Feuer, daß es wie frisch gemähtes Heu duftete. Sie setzte sich an den Eingang der Höhle und flocht einen Halfter aus Pferdehaut und betrachtete wieder den Hammelknochen, den großen flachen Schulterknochen, und versuchte von neuem ihren Zauber. Dies war der zweite Zauber, der in der Welt geschah.

Draußen in den wilden Wäldern waren all die wilden Tiere besorgt, was wohl dem wilden Hund zugestoßen sein konnte, und schließlich stampfte das wilde Pferd mit seinem Huf auf und sagte:

»Ich will gehen und nachsehen und euch Bescheid sagen, warum der wilde Hund nicht wiedergekommen ist. Katze, begleite mich.«

»Nein, nein«, sagte die Katze, »ich pflege stets meine eigenen Wege zu gehen. Ich begleite dich nicht.« Aber trotzdem folgte sie dem wilden Pferd leise, ganz leise, und verbarg sich an derselben Stelle, wo sie alles genau hören konnte.

Als die Frau das wilde Pferd stampfen und über seine lange Mähne stolpern hörte, lachte sie und sagte: »Da kommt der zweite. Wildes Tier aus wildem Wald, was willst du?«

Das wilde Pferd antwortete: »O Feindin und Frau meines Feindes, wo ist der wilde Hund?«

Die Frau lachte, nahm den Schulterknochen auf und sah ihn an und sprach: »Wildes Tier aus wildem Wald, du bist gar nicht wegen des wilden Hundes gekommen, sondern weil du dies herrliche Heu gewittert hast.«

Und das Pferd sagte stampfend und schnaubend: »Du hast recht – gib mir etwas davon.«

Die Frau sagte: »Wildes Tier aus wildem Wald, beuge dein stolzes Haupt und trage, was ich dir aufpacke, dann sollst du dreimal am Tage herrliches Heu von mir bekommen.«

»Aha!« sagte die Katze in ihrem Versteck, »das ist wirklich eine sehr kluge Frau, aber sie ist nicht so klug wie ich.«

Da beugte das Pferd sein stolzes Haupt, und die Frau streifte ihm schnell den Halfter aus Pferdehaut über, und das Pferd sagte, mit dem Kopf vor den Füßen der Frau: »O Herrin und Frau meines Herrn, ich will gerne dein Diener sein, wenn ich dies herrliche Heu immer bekomme.«

»Aha!« sagte die Katze in ihrem Versteck, »das ist ein zu albernes Roß!« Und sie wandelte nach Hause durch den nassen wilden Wald, schwenkte ihren Schwanz und ging auf ihren eigenen wilden Wegen. Wieder erzählte sie niemandem ein Wort.

Als der Mann und der Hund von der Jagd nach Hause kamen, sagte der Mann: »Was macht denn das wilde Pferd hier?« Und die Frau antwortete: »Es ist kein wildes Pferd mehr, sondern unser bester Diener, denn es wird uns für ewig und alle Zeit von Ort zu Ort tragen. Reite auf seinem Rücken, wenn du zur Jagd willst.«

Am nächsten Tag ging die wilde Kuh nach der Höhle. Sie hielt ihren wilden Kopf so hoch sie nur konnte, damit ihre wilden Hörner nicht im wilden Gebüsch hängenblieben, und die Katze folgte ihr und versteckte sich wie zuvor.

Und alles geschah ganz genau wie zuvor, und die Katze sagte genau dasselbe wie zuvor, und als die wilde Kuh versprochen hatte, der Frau jeden Tag ihre Milch zu geben, und die Frau versprochen hatte, daß die Kuh jeden Tag von dem herrlichen Klee bekommen sollte, der im Garten der Frau wuchs, da ging die Katze durch den wilden nassen Wald nach Hause und schwenkte ihren Schwanz auf einsam-wilden Wegen, genau wie zuvor. Und sie erzählte wieder niemandem ein Wort.

Als der Mann mit dem Pferd und dem Hund von der Jagd nach Hause kam und dieselben Fragen gestellt hatte wie zuvor, sagte die Frau: »Das ist jetzt kein wildes Tier mehr, sondern sie schenkt uns herrliches Essen. Für ewig und alle Zeit wird sie uns ihre warme weiße Milch geben, und ich werde für sie sorgen, während du mit deinem treuesten Freund und deinem besten Diener auf die Jagd gehst.«

Am nächsten Tag paßte die Katze auf, ob wieder ein wildes Tier nach der Höhle gehen würde, aber nichts rührte sich im nassen wilden Wald. So ging die Katze ihre eigenen Wege, und sie sah die Frau die Kuh melken und sah den Feuerschein in der Höhle und roch die herrliche weiße Milch.

Die Katze sagte: »O Feindin und Frau meines Feindes, wo mag nur die wilde Kuh sein?«

Die Frau lachte laut und sagte: »Wildes Tier aus dem wilden Wald, geh nur wieder nach Hause, denn ich habe den Schulterknochen mit seinen Zauberkräften fortgelegt, weil wir keine Freunde oder Diener in unserer Höhle mehr brauchen können.«

Die Katze sagte: »Ich bin kein Freund, ich bin kein Diener, ich bin die Katze und gehe meine eigenen Wege, und ich wünsche in die Höhle gelassen zu werden.«

Die Frau sagte: »Warum bist du denn nicht mit unserem besten Freund in der ersten Nacht gekommen?«

Die Katze wurde sehr ungehalten und sagte: »Hat der wilde Hund mich etwa bei dir verklatscht?«

Da lachte die Frau und sagte: »Ich denke, du gehst deine eigenen Wege? Ich denke, du bist weder Freund noch Diener? Also bitte, begib dich auf deine eigenen Wege, wohin sie dich auch führen.«

Da tat die Katze so, als ob sie sehr traurig wäre, und sagte: »Darf ich wirklich nicht in die Höhle hinein? Darf ich niemals am warmen Feuer sitzen? Darf ich niemals warme weiße Milch trinken? Du bist so klug und schön. Du solltest zu einer Katze nicht so grausam sein.«

Die Frau sagte: »Ich weiß, daß ich klug bin, aber ich wußte nicht, daß ich schön bin. Ich danke dir für das Kompliment, und darum will ich ein Abkommen mit dir treffen. Wenn ich auch nur einmal von dir etwas Gutes sage, dann darfst du in die Höhle kommen.«

»Und wenn du es zweimal sagst?« fragte die Katze.

»Darauf kannst du lange warten«, sagte die Frau. »Aber schön: wenn ich zweimal von dir etwas Gutes sage, darfst du in der Höhle am Feuer sitzen.«

»Und wenn du es dreimal sagst?« fragte die Katze.

»Unmöglich«, sagte die Frau. »Aber wenn ich wirklich drei gute Worte für dich übrig habe, bekommst du von mir auf ewig und alle Zeit dreimal am Tage die schöne weiße warme Milch zu trinken.«

Da machte die Katze einen Buckel und sagte: »Mögen denn der Vorhang am Eingang der Höhle und das Feuer am Ende der Höhle und die Milchtöpfe, die neben dem Feuer stehen, nie vergessen, was meine Feindin und Frau meines Feindes gesagt hat.« Und sie wandelte fort durch den nassen wilden Wald, schwenkte ihren wilden Schwanz und suchte sich ihre einsamwilden Wege.

Als am Abend der Mann mit dem Pferd und dem Hund von der Jagd nach Hause kam, erzählte die Frau nichts von dem Abkommen, das sie mit der Katze getroffen hatte, weil sie Angst hatte, daß er sich darüber ärgern könnte.

Die Katze ging weit, weit fort und versteckte sich in den nassen wilden Wäldern auf den allereinsamsten Wegen für eine lange Zeit, bis die Frau sie und das Abkommen längst vergessen hatte. Nur die Fledermaus – die kleine Kopf-nach-unten-Fledermaus –, die sich im Inneren der Höhle aufzuhängen pflegte, wußte, wo sich die Katze versteckt hatte, und jeden Abend flog sie zur Katze und erzählte ihr, was sich Neues zugetragen hatte.

Eines Abends sagte die Fledermaus: »Sie haben ein Baby in der Höhle. Es ist rund und rosig und neu und winzig, und die Frau hat es sehr lieb.«

»Aha!« sagte die Katze, »und wen hat das Baby lieb?«

»Das Baby hat alles lieb, was weich ist und kitzelt«, sagte die Fledermaus. »Es hält gern etwas Warmes im Arm, wenn es einschlafen will. Es hat sehr gern, wenn man mit ihm spielt.«

»Aha!« sagte die Katze, »dann ist meine Zeit gekommen.«

In der nächsten Nacht wanderte die Katze durch den nassen wilden Wald und versteckte sich nahe der Höhle, bis der Morgen kam und der Mann mit dem Pferd und dem Hund zur Jagd ging. Die Frau hatte an diesem Morgen gerade viel mit dem Kochen zu tun, und das kleine Kind schrie und störte sie unaufhörlich. Sie trug es vor die Höhle und gab ihm eine Handvoll schöne bunte Steine zum Spielen. Aber das kleine Kind schrie immer weiter.

Da streckte die Katze ihre weiche Pfote aus und streichelte dem Kind über die Backe, und das Kind quiekte vor Vergnügen. Dann rieb sich die Katze an seinen dicken Knien und kitzelte es mit dem Schwanz an seinem dicken Kinn. Und das Kind lachte. Als das die Frau hörte, lächelte sie.

Da sagte die Fledermaus, die sich im Inneren der Höhle aufgehängt hatte: »O gnädige Gastgeberin und Frau meines gnädigen Gastgebers und Mutter des gnädigen Sohnes meines Gastgebers, ein wildes Tier aus dem wilden Wald spielt ganz herrlich mit deinem Kind.«

»Tausend Dank dem lieben wilden Tier«, sagte die Frau und richtete sich von ihrer Arbeit auf, »denn ich hatte heute früh sehr viel zu tun, und es hat mir einen großen Dienst erwiesen!«

In derselben Minute und Sekunde fiel die getrocknete Pferdehaut, die mit dem Schwanz nach unten vor den Eingang der Höhle gespannt war, herunter – rrrups! –, denn sie erinnerte sich an das Abkommen, das die Frau mit der Katze getroffen hatte, und als die Frau die Haut wieder aufhängen wollte – sieh und staune! –, saß die Katze ganz gemütlich im Eingang der Höhle.

»O Feindin und Frau meines Feindes und Mutter meines Feindes«, sagte die Katze, »ich bin es nur, mit Verlaub. Du hast etwas Gutes über mich gesagt, und nun darf ich für ewig und alle Zeit in der Höhle sitzen. Aber ich bleibe trotzdem die Katze, die ihre eigenen Wege geht.«

Die Frau ärgerte sich, biß die Lippen zusammen, nahm ihr Spinnrad und begann zu spinnen.

Aber das Baby schrie, weil die Katze nicht mehr bei ihm war, und die Mutter konnte es nicht beruhigen. Es strampelte und schlug um sich und wurde ganz blau im Gesicht.

»O Feindin und Frau meines Feindes und Mutter meines Feindes«, sagte die Katze, »nimm einen Faden von dem Garn, das du gerade spinnst, und binde einen Stein daran und ziehe ihn über den Boden. Ich will dir einen Zauber zeigen, der dein Baby so laut lachen läßt, wie es jetzt weint.«

»Das will ich tun«, sagte die Frau, »denn ich weiß mir nicht mehr anders zu helfen, aber diesmal werde ich mich nicht bei dir bedanken.«

So band sie denn einen kleinen Stein an den Faden und zog ihn über den Boden, und die Katze sprang dem Stein nach, nahm ihn zwischen ihre Pfoten, ließ ihn los, kugelte kopfüber hinter ihm her, warf ihn sich über die Schulter, stieß ihn zwischen ihre Hinterbeine, tat so, als hätte sie ihn verloren, und dann sprang sie plötzlich mit einem Satz auf ihn drauf, bis das Baby so laut lachte, wie es vorher geweint hatte. Es reckte die Ärmchen nach der Katze und jubelte, daß die Höhle widerhallte, bis es müde wurde und sich zum Schlafen hinlegte – die Katze im Arm.

»Jetzt«, sagte die Katze, »werde ich dem Kind ein Lied singen, daß es eine Stunde lang schlafen soll.« Und sie begann zu schnurren, laut und leise, leise und laut, bis das Baby fest eingeschlafen war. Die Frau lächelte, als sie auf die beiden hinabsah, und sagte:

»Das hast du fein gemacht! Du bist wirklich sehr gescheit, liebe Katze.«

In dieser selben Minute und Sekunde kam der Rauch des Feuers in dichten Wolken vom Ende der Höhle herangequalmt – pfff! –, denn er erinnerte sich an das Abkommen, das die Frau mit der Katze getroffen hatte, und als sich der Rauch verzogen hatte – jetzt sieh und staune! –, saß die Katze gemütlich dicht beim Feuer.

»O Feindin und Frau meines Feindes und Mutter meines Feindes«, sagte die Katze, »du hast jetzt zum zweitenmal etwas Gutes über mich gesagt, und jetzt darf ich neben dem warmen Feuer am Ende der Höhle für ewig und alle Zeiten sitzen. Aber ich möchte ausdrücklich bemerken, daß ich trotzdem noch meine eigenen Wege zu gehen gedenke.«

Da hat sich die Frau sehr, sehr geärgert, und sie warf mehr Holz auf das Feuer und suchte den großen flachen Schulterknochen des Hammels hervor und fing an, einen Zauber zu machen, der sie davor bewahren sollte, ein drittes Mal etwas Gutes über die Katze zu sagen.

Es war ein ganz stiller Zauber, und nach und nach wurde es so still in der Höhle, daß ein kleines Mäuschen aus einem Loch in der Ecke herauskam und über den Boden lief.

»O Feindin und Frau meines Feindes und Mutter meines Feindes«, sagte die Katze, »gehört diese kleine Maus auch zu deinem Zauber?«

»Huh, nein, ksch«, rief die Frau und legte den Schulterknochen nieder, so schnell sie konnte, und sprang auf den Schemel am Feuer, weil sie Angst hatte, daß die Maus ihr die Röcke hinauflaufen würde.

»Aha!« sagte die Katze, »dann wirst du wohl nicht böse sein, wenn ich die Maus fresse?«

»Nein«, sagte die Frau und hielt ihre Röcke hoch, »friß sie schnell, und ich will dir auch immer dankbar sein.«

Die Katze tat einen Sprung und fing die kleine Maus, und die Frau sagte: »Tausend Dank! Selbst unser treuester Freund, der Hund, ist nicht geschickt genug, um eine Maus so schnell zu fangen wie du. Du mußt wirklich sehr schlau sein.«

In dieser Minute und Sekunde krachte der Milchtopf, der neben dem Feuer stand, in zwei Teile – kllkr! –, denn er erinnerte sich an das Abkommen, das die Frau mit der Katze getroffen

31

hatte, und als die Frau von dem Schemel herabgesprungen war – sieh und staune! –, schleckte die Katze die warme weiße Milch, die in dem zerbrochenen Topf gewesen war.

»O Feindin und Frau meines Feindes und Mutter meines Feindes«, sagte die Katze, »jetzt hast du zum drittenmal etwas Gutes von mir gesagt, und jetzt darf ich für ewig und alle Zeit die weiße warme Milch dreimal am Tage trinken. Aber trotzdem – merk dir das! – bleibe ich die Katze, die stets ihre eigenen Wege geht.«

Da lachte die Frau und stellte der Katze einen Napf mit schöner warmer Milch hin und sagte: »O Katze, du bist so klug wie ein Mensch, aber jetzt denke daran, daß du mit dem Mann und mit dem Hund kein Abkommen getroffen hast! Ich weiß nicht, was sie tun werden, wenn sie nach Hause kommen.«

»Was geht das mich an?« sagte die Katze. »Wenn ich meinen Platz in der Höhle beim Feuer habe und meine Milch täglich dreimal bekomme, kümmere ich mich nicht darum, was der Mann und der Hund tun.«

Als an diesem Abend der Mann und der Hund in die Höhle kamen, erzählte ihnen die Frau die ganze Geschichte, während die Katze am Feuer saß und lachte. Da sagte der Mann: »Schön und gut, aber mit mir und allen richtigen Männern, die nach mir kommen, hat die Katze kein Abkommen getroffen.« Dann zog er seine schweren Stiefel aus und nahm eine kleine Steinaxt (das waren schon drei Gegenstände), und schließlich holte er sich ein Scheit Holz und ein Beil (das wären alles in allem fünf Gegenstände!) und legte sie alle in eine Reihe und sagte:

»Jetzt wollen auch wir unser Abkommen treffen. Wenn du nicht für ewig und alle Zeit Mäuse fängst, werde ich mit diesen fünf Gegenständen nach dir werfen, sooft ich dich sehe, und so werden es alle richtigen Männer machen, die nach mir kommen.«

›Aha‹, dachte die Frau, ›die Katze ist wohl sehr klug, aber der Mann ist noch klüger.‹

Die Katze betrachtete sich die fünf Gegenstände (sie sahen recht kantig aus) und sagte: »Ich will für ewig und alle Zeit Mäuse fangen. Aber das sage ich gleich: Ich bleibe trotzdem die Katze, die stets ihre eigenen Wege geht.«

»Nicht, wenn ich da bin«, sagte der Mann. »Wenn du das jetzt nicht gesagt hättest, würde ich diese fünf Sachen für ewig und alle Zeit fortgelegt haben. Aber von nun an werde ich meine Stiefel und meine Axt nach dir werfen, sooft ich dich sehe.«

Darauf sagte der Hund: »Einen Augenblick, bitte. Die Katze hat mit mir noch keinen Vertrag gemacht, mit mir und allen richtigen Hunden, die nach mir kommen.« Er zeigte seine Zähne und fuhr fort: »Wenn du nicht nett zu dem kleinen Kind bist, für ewig und alle Zeit, werde ich dich jagen, bis ich dich packen kann, und wenn ich dich gepackt habe, werde ich kräftig zubeißen. Und das werden alle Hunde machen, die nach mir kommen.«

›Aha‹, dachte die Frau, ›die Katze ist schon recht klug, aber der Hund ist viel klüger.‹

Die Katze zählte die Zähne des Hundes (sie sahen recht spitz aus) und sagte: »Ich will nett zu dem Kind sein, solange es mich nicht zu arg am Fell rupft, für ewig und alle Zeit. Aber ich bleibe und bleibe trotz allem die Katze, die ihre eigenen Wege gehen wird!«

»Nicht, wenn ich in der Nähe bin«, sagte der Hund. »Wenn du das jetzt nicht gesagt hättest, würde ich dir für ewig und alle Zeit meine Zähne niemals wieder gezeigt haben; aber von nun an werde ich dich auf einen Baum hinaufjagen, sooft ich dich treffe.«

Dann warf der Mann seine zwei Stiefel und seine kleine Axt nach der Katze, und die Katze rannte aus der Höhle hinaus, und der Hund jagte sie auf einen Baum hinauf, und von jenem Tag an werfen drei richtige Männer von fünfen alles mögliche Zeug nach einer Katze, sooft sie eine treffen, und jeder richtige Hund jagt sie auf einen Baum. Aber die Katze hält ihr Abkommen auch. Sie fängt Mäuse und ist nett zu kleinen Kindern, sooft sie im Hause ist und solange sie ihr nicht das Fell zu sehr rupfen.

Aber danach, und auch zwischendrin, und wenn der Mond aufgeht und wenn die Nacht kommt, dann geht die Katze auf ihren eigenen Wegen. Dann wandelt sie hinaus in den nassen wilden Wald oder klettert auf nasse wilde Bäume oder auf nasse wilde Dächer und schwenkt ihren wilden Schwanz auf einsam-wilden Pfaden.

Kurt Tucholsky

Brief an einen Kater

Paris, den heutigen.

Lieber Mingo,

Du liegst gerade, ein weißes Knäul, unter dem Sofa, im Zimmer des blonden Engels, und wartest auf Konrad, der dir aus seiner Fabrik etwas mitbringen wird; einen Wurstzippel oder einen Knochen vom Kalbskotelett oder sonst etwas Eingewickeltes. Hättest du die Freundlichkeit, einmal zuzuhören? Komm heraus! He! Komm! Mies – mies – mies! Mingo! Mingo!

Du wärst keine richtige Katze, wenn du kämst. Und so muß ich mich denn vor das Sofa legen, platt auf den Boden, und dir unter die geschweiften Beine des Möbels herunterflüstern, was ich dir zu sagen habe… Hör zu.

Daß du in die Malerei eingegangen bist, weißt du ja. Die Japaner… Ja, mach die Augen zu und schnurre im traumlosen Schlaf – es ist nicht neu. Aber in der Literatur, da muß man dich schon suchen; so viele gute Katzenbücher gibt es nicht. Wenn ein Sohn einmal promoviert, kannst du ihn ja eine Dissertation schreiben lassen ›*Die Katze in der Geschichte der Völker mit besonderer Beziehung auf die Literatur des achtzehnten Jahrhunderts*‹. Sieh, was ich hier habe! Du siehst kaum auf. Fauler. Atmendes Kissen. Es ist ein kleines Buch, weiß wie du, heißt ›*Katzen*‹ und ist von Axel Eggebrecht. Und – zerkratz den Deckel nicht – und ist bei Herbert Stuffer in Berlin erschie – – du sollst die Pfoten vom Deckel nehmen! Untier! Drache! Geschöpf! Mingo, das ist das allerreizendste Buch, das mir seit langem unter die Kritikerkrallen gekommen ist.

Der muß dich sehr lieb haben, der Eggebrecht – der muß dich sehr genau kennen, dich und die ganze Katzenfamilie. Er versteht dich, weil er zugibt, dich nicht zu verstehen. Deine Zähigkeit, mit der du am Leben hängst; die Sinnlosigkeit dieses Lebens… Und wie noch eine verwilderte Katze eine Dame ist, bis in die letzte Schwanzspitze, und wie man eigentlich immer ein bißchen Angst vor dir haben muß, solche Angst, wie man sie vor einer Pistole hat, von der man nicht weiß, ob sie geladen ist oder nicht… Man weiß nicht. Mingo, was denkst du? Ach, lach mich nicht aus.

Ja, großmütig bist du, voll von einer stillen Verachtung für uns alle. In einem seiner ersten Romane hat Max Brod entdeckt, wie sich die Tiere über die Menschen heimlich lustig machten… Du verschmähst sogar das. Du siehst uns gar nicht mehr. Wie du ins Leere schaust!

Wohin blickst du? In welcher Zeit lebst du? In deiner eigenen – in unserer nur, wenn du etwas zu fressen haben willst. Übrigens sehe ich dich nicht gern essen; die kleinen ruckenden, bösen Bewegungen, mit denen du schluckst... Verzeih. Und hör mal, Eggebrecht schreibt da zwei Dinge, die ich ihm gar nicht glauben will, du weißt das ja besser... Lieben sich Katzen auf dem Frühstückstisch? Am hellerlichten Tag? Und läuft eine Katze von ihren noch nassen Jungen fort, nach einem Tag? Sag mal – Mingo! Schläft. Nein, schläft nicht – blinzelt durch den dünnsten Spalt der Augenlider mich an, ich kann doch den Kopf nicht dauernd auf den Fußboden legen, wenn man auch von ihm – natürlich – essen könnte... Mingo! Komm heraus. Kommt nicht.

Mingo, du kannst lesen, ich weiß es, du zeigst es nur nicht. Dieses Buch. Es ist so unsüßlich, so gar nicht verniedlicht, so unheimlich – und es ist in der Form so edel, wie du es bist. Es muß wohl Katzenmenschen und Hundemenschen geben. Magst du den Hund? Ich auch nicht. Er brüllt den ganzen Tag, zerstört mit seinem unnützen Lärm die schönsten Stillen und wird in seiner Rücksichtslosigkeit nur noch von der seiner Besitzer übertroffen. (Protest des Reichsbundes Deutscher Hundefreunde. Kusch.) Man kann dich nicht fangen, ich weiß. Aber bist du in diesem Satz nicht ganz enthalten? »Die Katze ist eine anarchistische Aristokratin, mit gesundem proletarischem élan vital.« Das bist du.

So, nun stehe ich wieder auf. Und sitze plötzlich in dem silbergrauen Paris und denke an dich, an dich und den blaugrauen Angorakater, der so klein war, daß er nicht einmal einen Namen hatte; er konnte einem grade entgegenwackeln, wenn man ins Zimmer kam, und dann aß er nichts mehr und dann starb er, und nun liegt er in meinem Garten a. D. von Fontainebleau.

Einen Gruß, Mingo! An dich und an alles, was schön ist und rätselhaft, überflüssig und geschwungen, unergründlich und einsam und ewig getrennt von uns: also an die Katzen und an das Feuer und das Wasser und an die Frauen.

Mit einem herzlichen Fellgestreichel
und Grüßen an die Herrschaften, die bei dir wohnen

Dein Peter Panter

Axel Eggebrecht
Form

Das Wort *Katze* dringt in dein Gehörzentrum. Was für ein Bildüberfall geschieht da? Was fühlst du noch vor dem ersten Gedanken? Wie sieht die Katze in der platonischen Idee aus? Etwa grau, schwarz oder gefleckt? Nein, es ist da etwas Rundes, Weiches, Geschmeidiges. Denn dies ist kein Tier der Farbe. Alles Wesentliche an ihr ist Form. Eine herrliche, amoralische Leere liegt in ihren Augen, sie sind eisig, von beruhigend vollkommener Kreisrundung oder abgemessenem Oval. In diesem geschlossenen Körper drängt kein Knochen sich bis zur Bemerkbarkeit vor, er ist höhlenlos gerundet, so ungotisch wie möglich. Diese Unproblematik erklärt vielleicht manches von der Gleichgültigkeit, mit der die problemseligen, formverachtenden Deutschen die Katze behandeln, im Vergleich zu anderen Völkern. Den Ägyptern aber, die zur Form beteten, mußte dies Tier heilig sein.

Und dieser Körper, rätsellos und rätselhaft glatt zugleich, gehört dem abgründigsten unserer Tiere, in dessen unverständliche Seele wir nicht eindringen. Wir selbst sind verkrümmt vor schlechtem Gewissen. Die Tiere um uns verkümmern unter dem unnatürlichen Zwang unserer sittlichen Vorschriften. Die Katze blieb als letzte, göttliche Inkarnation der Morallosigkeit, sie gehorcht nicht, sie hält nicht viel von Treue, der Fleiß ist für sie noch nicht erfunden – und sie ist herrlich schön wie am ersten Tag, noch ganz vollkommen, gesättigt in ihrer Trefflichkeit, ein kleiner Löwe. Mit Zuchtversuchen hat der Mensch ein paar absurde Farbtöne und Mähnenspielereien herausbekommen, aber diese armen Katzenrassen verlieren das Gehör und werden rasch unfruchtbar. Sie können sich an die Versklavung nicht gewöhnen.

Die Katze liebt und pflegt ihren Körper, sie liebt ihr Leben, das wunderbar klar und sicher sein muß, sie verteidigt es mit der Zähigkeit, die wir im Sprichwort an ihr bewundern. Zwischen Töpfen, Kissen und Süßigkeiten folgt sie schließlich doch einzig ihrem Instinkt. Das Pferd springt auf den Sporenschlag in den Abgrund, der Hund kuscht dem läppischsten Kretin unter die Peitsche, aber die Katze läßt sich nicht von der mildesten Herrin das Naschen abgewöhnen. Hunde freuen sich ihrer Dressur, ihrer Nützlichkeit, führen sie unaufgefordert vor; eine abgerichtete Katze ist ein Greuel, eine Schändung der Kreatur, die einem Tränen der Wut in die Augen treibt.

Der vollkommenen Bildlichkeit einer Katze ist ein spontaner, einhelliger Erfolg sicher,

wenn sie sekundenlang durch den Film gleitet. Über bizarre Affenmenschen wird gekreischt, wilde Pferde jagen Schauer der Erregung ins Parkett, die abnorme Silhouette eines Kamels schreitet zehnmal absonderlicher als im Leben über die Leinwand. Aber da erscheint eine Katze, in den tausend Zuschauern rauscht ein kleiner, heller Lärm auf: hörbare, reine, nutzlose Freude, Befreiung, sie spüren, daß nichts diesem Tier an Bildvollendung gleichen kann. Und vor unseren tiefbefriedigten Augen erfüllt sich das problemlose Glück der Wohlgeratenheit.

Das edle Wesen der schönen und ihrer Form bewußten Katze kommt so recht erst zum Vorschein, wenn sie im Unglück, verlassen und verstoßen ist. Noch die letzte Müllkatze möchte sich sauber halten, putzt und glättet an sich herum. Der verlaufene Hund verkommt in Räude und Dreck. Es geht ihm wie dem Studierten, dem gepflegten Sohn bequemer Häuser, der in der Kaserne stets der Verlausteste war. Der Hund hat das Abitur der Menschlerei gemacht, in die Unabhängigkeit zurückgestoßen, geht er zugrunde. Die Katze aber ist eine anarchistische Aristokratin mit gesundem proletarischem *élan vital*. Sie hat etwas von allen Extremen menschlicher Ideale in ihrem Wesen, sie hat die natürliche Formvollendung, die uns verlorenging und die wir in allen unseren Extremen wieder suchen.

Katzen kennen das Geheimnis, wie sie mit uns leben können, ohne an unserer Mühsal teilzuhaben, sie ganz allein. Pferd, Hund, Rind und Lama haben wir in unser Mißgeschick hereingezogen, nun müssen sie den Fluch mittragen, der Adam traf. Eine Katze aber nimmt nichts an, was ihr nicht von Ursprung und Anbeginn eignet. Unsere Wohnungen sind für sie ein angenehmes Stück Natur, man kann darin bequem und warm hausen, weshalb das nicht nutzen? Aber unsere Ordnungen, unsere Pflichten, alle Spielregeln unserer Moral, die gehen sie nichts an.

Warum wohl genieren sich so viele, als Katzenfreunde zu gelten? Weil in solcher Freundschaft eine allzu körperliche Beziehung deutlich wird und weil wir alle ein schlechtes Gewissen haben. Das erleichtern wir uns immer wieder durch die freche Behauptung, die Katze sei das grausamste Geschöpf der Welt. Wir erheben Protest gegen das Mäusespiel. Ist da etwa Neid dabei? Wir als soziale Wesen dürfen uns dergleichen Exzesse allerdings nicht mehr erlauben, ohne sie durch diplomatische Aktionen, durch knifflige Gerichtsverhandlungen oder zumindest mit irgendeiner seelischen Raffinesse angestrengt vorzubereiten.

Wir können nicht mehr arglos spielen wie sie. Aber wären wir auch von Herzen rein und sanft in unseren Taten: wie kämen wir dazu, den Katzen moralische Vorhaltungen zu machen? Sie werden ja von uns gehalten gegen die Mäuse. Und als Strategen dieser Ausrottung, die im nachhinein gewisse bedauerliche Ausschreitungen der kämpfenden Truppe mißbilligen, sind wir ebenso läppische Heuchler wie jedes imperialistische Hauptquartier.

Sprichwörter

Bei Nacht sind alle Katzen grau.

Das sind die gefährlichen Katzen,
die vorn lecken und hinten kratzen.

Die Katze läßt das Mausen nicht.

Eine Katze, die einen Kanarienvogel
gefressen hat, kann drum noch nicht singen.

Pferdehufen, Katzenklauen
und Spielerhänden ist nicht zu trauen.

Willst du lange leben gesund,
iß wie die Katze, trink wie der Hund.

Wenn die Katze fort ist, tanzen die Mäuse.

Wenn die Magd genascht hat, bekommt die
Katze Prügel.

Vögel, die zu früh singen, frißt am Abend
die Katze.

Wo man die Katze streichelt, da ist sie gern.

Man muß die Katze nicht im Sack kaufen.

Ein Hund wird sich an drei Tage Freundlichkeit drei Jahre lang erinnern, eine Katze
wird drei Jahre Freundlichkeit nach drei
Tagen vergessen haben.

Wecke nicht schlafende Katzen auf.

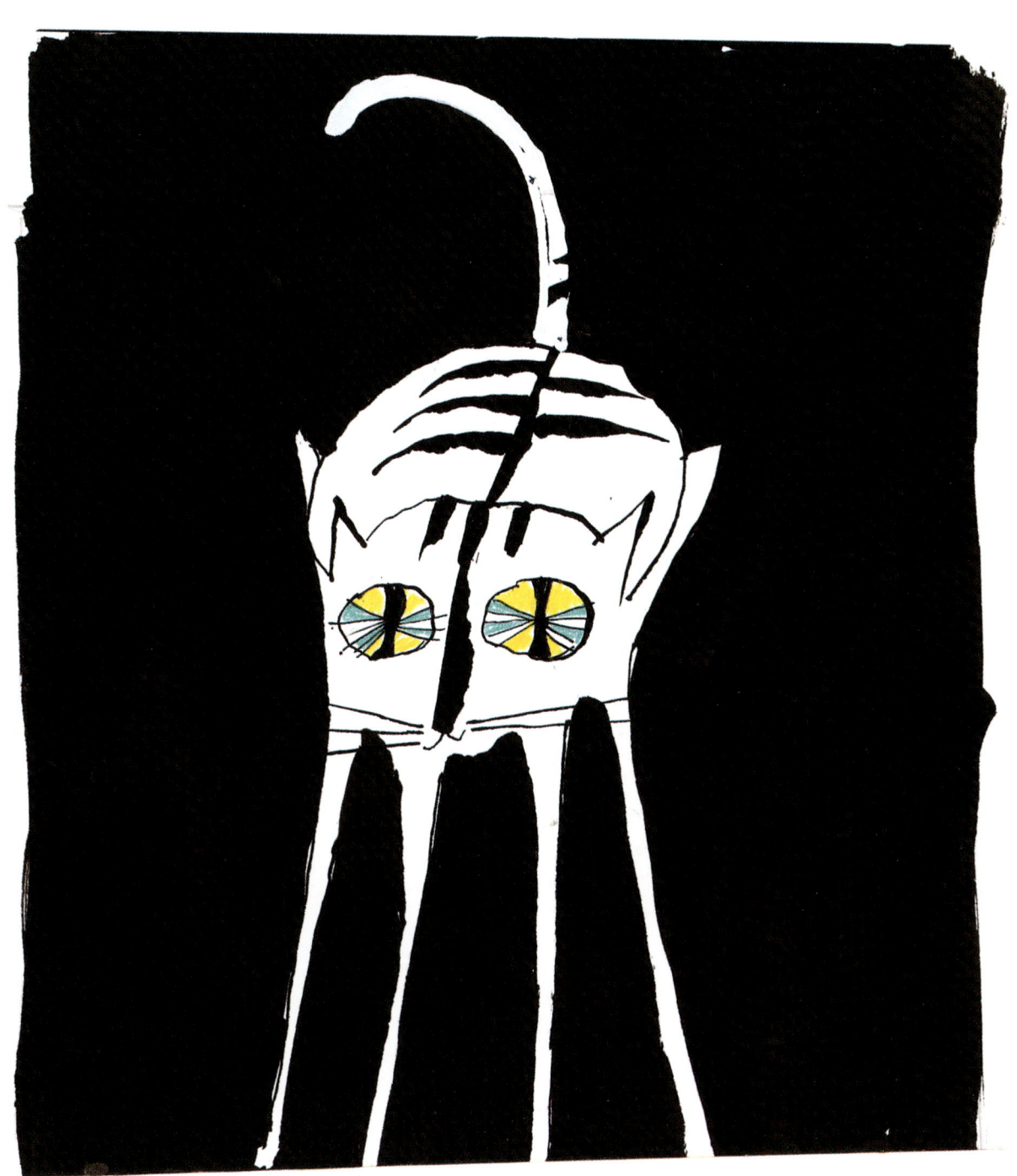

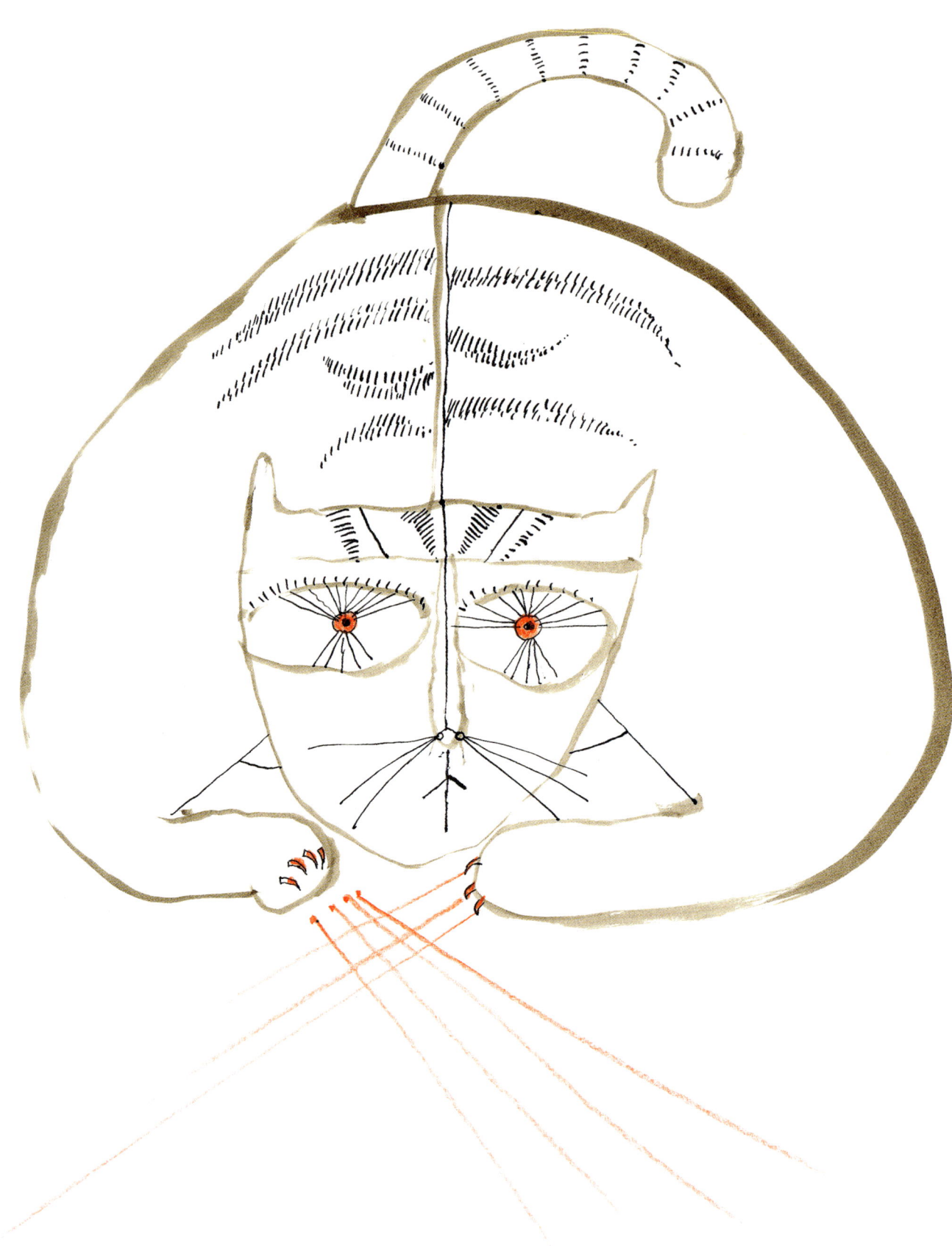

Colette

»Prrou«

Als ich sie kennenlernte, wohnte sie in einem düsteren alten Garten, einem vergessenen Garten zwischen zwei Neubauten, schmal und lang wie eine Schublade. Sie ging nur nachts aus, denn sie fürchtete die Hunde und die Menschen, und dann wühlte sie in den Mülleimern. Wenn es regnete, schlüpfte sie hinter das Gitter eines Kellerfensters und drückte sich an die verstaubten Scheiben. Aber der Regen drang bald bis in ihre Zufluchtsstätte, und sie zog geduldig die Pfoten unter sich, die mageren Pfoten einer herrenlosen Katze, die fein und hart waren wie die eines Hasen. So verharrte sie lange Stunden. Von Zeit zu Zeit hob sie die Augen gegen den Himmel oder gegen meinen hochgezogenen Fenstervorhang. Sie sah nicht bedauernswert und auch nicht verschreckt aus, denn ihr Elend war nicht die Folge eines unglücklichen Zufalls. Sie kannte mein Gesicht, aber sie bettelte nie. Aus ihrem Blick war nichts anderes zu lesen, als daß Hunger, Kälte und Nässe sie quälten und daß sie geduldig auf die Sonne wartete, die die verlassenen Tiere vorübergehend einschläfert und heilt.

Einige Male drang ich in den Garten ein, wobei ich mir zwischen den Brettern des alten Zaunes den Rock zerriß. Die Katze floh nicht vor mir, aber sie entschlüpfte wie ein Aal, wenn ich sie berühren wollte. Nach meinem Abgang wartete sie heldenmütig darauf, daß der Luftzug in dem alten Garten meinen Geruch und den Widerhall meiner Schritte verwehe. Dann fraß sie das Fleisch, das ich neben das Kellerfenster gelegt hatte. Sie verriet ihre Gier nur durch ein Zucken des Halses und ein Zittern des Rückgrats.

Sie gab dem Schlafbedürfnis gesättigter Tiere nicht gleich nach, sondern versuchte erst, ein wenig Toilette zu machen. Ihr graues Kleid mit schwarzen Streifen, ein ärmliches, borstiges Kleid, war schwer in Ordnung zu bringen, denn wenn Katzen nichts zu fressen haben, mangelt es ihnen an Speichel, und sie waschen sich auch nicht...

Es wurde Februar, und der umgitterte alte Garten sah aus wie ein Käfig voll kleiner Raubtiere. Kater aus den Kellern und von den Dachgiebeln, von den Müllhaufen, von wüsten Plätzen, Kater mit krummem Rücken und schäbigem Hals, verhungerte Kater ohne Ohren und Schwanz, fürchterliche Rivalen der Ratten, Kater der Krämer und Milchfrauen, fett und schwer und schnell außer Atem, schwarze Kater mit seidenem rotem Halsband und weiße Kater mit blauem Perlenkollier...

Nachts hörte ich ihre Liebes- und Kampfgesänge... Zarte, melodische Klagen zuerst, langgezogen, sanft und fern. Dann ein ironischer Ruf, die Herausforderung an den Rivalen. Und sofort darauf die Antwort in gleichem Ton. Dies, um ein endloses Zwiegespräch einzuleiten, begleitet von keiner anderen Mimik als dem Spiel der bald aufgestellten, bald zurückgelegten Ohren, der nun geschlossenen, nun wieder geöffneten Augen und des ausdrucksvoll drohenden Lächelns mit gefletschten Zähnen. Zwischen zwei Schreien immer wieder ein lautes Schnauben... Plötzlich ein unvorhergesehenes fürchterliches Crescendo, ein Röcheln, das Gemisch zweier rasender Stimmen in den Lüften, der Stimmen zweier Dämonen, die – von einem Wirbelsturm ergriffen – dahingerollt werden... Dann Stillschweigen. Der nächtliche Wind in dem kleinen Garten, das Geräusch von Krallen, die sich an einem Baumstamm festhaken, und nun der sanfte Gesang der Katze, der gleichgültigen, um derentwillen die Kater einander zerfleischt haben, die Stimme meiner mageren Katze, die ganz erschöpft ist von Liebe und Entkräftung...

Der tragische Sturm der Wollust ließ endlich nach. Ich sah die graue Katze wieder, ausgemergelt, glanzlos, scheuer denn je, beim leisesten Geräusch zusammenzuckend. In dem Sonnenstrahl, der mittags bis in den Grund des dunklen Gartens tauchte, schleppte sie sich dahin mit täglich schwerer werdenden Flanken, bis ich sie eines regnerischen Morgens entdeckte, wie sie erschöpft und fieberhaft fünf kräftige Kätzchen stillte, die gleich ihr auf nackter Erde geboren worden waren.

Ich hatte auf diese Stunde gewartet. Sie übrigens auch, denn ich brauchte die Kleinen nur in mein Kleid zu nehmen, und die Mutter folgte mir.

Sie heißt Prrou – beim Aussprechen des Namens rolle man die rr, bitte sehr. Sie hat uns nämlich ihren Namen gesagt. Sie schnurrt ihn den ganzen Tag rings um das schwarze Kätzchen, das wir ihr gelassen haben: »Prrou, prrou.«

Sie lebt in der Bretagne, auf der warmen Terrasse, am Rand der Wiese, die sich gegen den Strand hinzieht. Ihr Gebiet, das sie sich selbst abgegrenzt hat, reicht von der Terrasse bis zur blühenden Jasminhecke, hinter der sich eine Ziegelmauer verbirgt. Niemals geht sie weiter als bis zu den großen Linden, die mein Haus aus roten Backsteinen beschatten. Ob sie wohl weiß, daß unterhalb der Terrasse ein rastlos bewegtes Meer wogt, ein Meer von wechselnder Farbe, blau und grün im Sonnenschein, violett unter dem Gewitter, grau in der Morgendämmerung? Ich bezweifle es.

Unsere Prrou in ihrem bescheidenen Kleid, von der keiner etwas verlangt, hat es sich in den Kopf gesetzt, uns ein Vorbild der grauesten Tugenden zu sein. Sie ist sauber, sanft, demütig und erzieht ihren einzigen Sohn würdevoll. Sie kann noch mehr: sie macht uns etwas vor. Mit reizendem Takt und stets wacher Schlauheit spielt sie immer noch die arme Katze, »die so unglücklich gewesen ist«. Fett und rund geworden, hat sie den Blick der hungrigen Katzen beibehalten. Die Köchin nennt sie »armes Tier«.

Sie schläft nun auf einem weichen Kissen, doch stets in der fröstelnden Stellung einer, die im Freien nächtigt. Sie macht uns Platz, wenn wir an ihr vorüber wollen, doch auch wir weichen zurück, das Herz von Mitleid zerrissen, und flehen sie an, sich um Gottes willen nicht stören zu lassen. Es geschieht manchmal, daß ihr jemand ganz leicht auf die Pfoten oder auf das Schwanzende tritt. Dann stößt sie einen kurzen, rauhen Schrei aus, schnurrt aber gleich darauf stoisch, mit dem Ausdruck einer Märtyrerin, so daß wir zu klagen beginnen: »Armes Tier! Daß dir auch das noch geschehen mußte, dir, die du so unglücklich gewesen bist!«

Vom niedrigsten Zweig einer Linde hängt an einem Bindfaden ein Kork herab und bewegt sich im Wind. Prrou belauert ihn, und manchmal stürzt sie verrückt, von Spiellust ergriffen, darauf los. Erblickt sie uns aber, so drückt ihr dreieckiges Gesichtchen sofort Entsagung und Bitterkeit aus: »Was tat ich? Zu welch leichtsinniger Handlung habe ich mich hinreißen lassen, ich, die ich so unglücklich gewesen bin? Solche Spiele passen nicht zu meiner gesellschaftlichen Stellung. Ach, fast hätte ich es vergessen!«

Ihren schlecht gekämmten und teuflisch schwarzen Sohn behütet sie mit leidenschaftlicher Zärtlichkeit, liebkost ihn und flüstert ihm unzählige Male das einzige Wort zu, das sie sagen kann: »Prrou, prrou...« Sind wir jedoch in der Nähe, setzt sie eine strenge Miene auf und verabfolgt ihm beim geringsten Anlaß ein Dutzend heftiger Ohrfeigen: »So muß ein armes Findelkind erzogen werden!«

Bewundert, bitte, gleich mir die durchtriebene Prrou. Seht nur, wie ihr kurzhaariges Kleid die Farbe einer grauen Schnecke oder eines Nachtfalters nachahmt. Ein dreireihiges schwarzes Kollier ziert ihre Brust, der schlichte Schmuck einer würdigen Gouvernante. Schwarz sind auch die Armbänder an ihren feinen Pfoten, ebenso die doppelte Reihe regelmäßig verteilter Flekken, durch die das strenge Kleid am Bauch zugeknöpft zu sein scheint. Prrou ist trefflich gekleidet, oder richtiger gesagt, sie ist verkleidet.

Ihre Haltung ist so bescheiden, ihr Fell so schlicht gefärbt, daß ihr vielleicht gar nicht bemerkt habt, wie hart und grausam ihr Schädel ist, wie bedrohlich ihre kräftigen Pfoten, in denen sich gebogene Krallen verbergen, wohlgepflegt und kampfbereit, wie breit ihre Brust, wie beweglich ihre Lenden, kurz, daß ihr nichts von der verborgenen Schönheit dieses kraftvollen Tieres ahnt, das für Liebe und Kampf geschaffen ist...

Saki

Tobermory

Es war der kühle, regenverwaschene Nachmittag eines der letzten Augusttage – in jener nichtssagenden Jahreszeit also, in der die Rebhühner sich noch in Sicherheit oder in den Kühlhäusern befinden und es nichts zu jagen gibt. Ohne Ausnahme hatten sich die Gäste von Lady Blemleys Hausparty um den Tisch versammelt. Trotz der Öde der Jahreszeit und der Alltäglichkeit dieses Ereignisses deutete nichts auf jene schwelende Unruhe hin, die gleichbedeutend ist mit der Furcht vor einem Klavierkonzert oder einer beherrschten Sehnsucht nach einer Partie Bridge. Die unverhüllte, durch nichts verborgene Aufmerksamkeit der Anwesenden konzentrierte sich vielmehr auf die anspruchslose, unscheinbare Persönlichkeit des Mr. Cornelius Appin. Von allen Gästen Lady Blemleys war er der einzige, der in keinem festumrissenen Ruf stand. Irgend jemand hatte einmal erwähnt, daß Appin ›klug‹ sei, und so schickte man ihm eine Einladung in der unausgesprochenen Erwartung – zumindest von seiten der Gastgeberin –, daß er wenigstens einen Teil seiner Klugheit zu der allgemeinen Unterhaltung beisteuern würde. Bisher hatte Lady Blemley jedoch nicht feststellen können, in welcher Richtung sich seine Klugheit – wenn überhaupt – bewegte. Weder war er witzig, noch spielte er auffallend gut Krocket; weder verfügte er über hypnotische Fähigkeiten, noch hatte er jemals eine Amateuraufführung inszeniert. Auch sein Äußeres deutete nicht auf einen jener Männer hin, denen die Frauen ein erhebliches Maß an mangelndem Geist nachsehen. Er war zu einem bloßen ›Mr. Appin‹ hinabgesunken, und ›Cornelius‹ schien nichts als eine durchsichtige Täuschung zu sein, die man bei seiner Taufe begangen hatte.

Jetzt aber behauptete er plötzlich, der Welt eine Entdeckung geschenkt zu haben, neben der die Erfindung des Schießpulvers, der Druckerpresse oder der Dampfmaschine belanglose Lappalien seien. Die Wissenschaft habe zwar im Verlauf der letzten Jahrzehnte atemberaubende Fortschritte auf allen Gebieten gemacht – seine Entdeckung schien jedoch eher auf dem Gebiet der Wunder als auf dem der Wissenschaft zu liegen.

»Und wir sollen Ihnen also glauben«, sagte Sir Wilfrid gerade, »daß Sie eine Möglichkeit gefunden haben, den Tieren die Kunst der menschlichen Sprache beizubringen, und daß sich der liebe alte Tobermory als Ihr erster erfolgreicher Schüler entpuppt hat?«

»Während der letzten siebzehn Jahre habe ich an diesem Problem gearbeitet«, sagte Mr.

Appin. »Aber erst während der letzten acht oder neun Monate bin ich mit den Andeutungen eines Erfolges belohnt worden. Bis dahin hatte ich natürlich schon mit Tausenden von Tieren experimentiert – zuletzt jedoch ausschließlich mit Katzen, diesen wundervollen Geschöpfen, die sich in phantastischer Weise unserer Zivilisation angepaßt haben, ohne dabei ihren hochentwickelten Raubtierinstinkt aufzugeben. Hin und wieder stößt man bei Katzen auf einen überragenden Intellekt – genauso wie bei der Masse der menschlichen Geschöpfe; und als ich vor einer Woche die Bekanntschaft Tobermorys machte, merkte ich sofort, daß ich einer ›Über-Katze‹ von ungewöhnlicher Intelligenz gegenüberstand. Bei meinen letzten Versuchen war ich dem Erfolg ein großes Stück nähergekommen; bei Tobermory – wie Sie ihn nennen – habe ich jedoch mein Ziel erreicht.«

Mr. Appin beschloß seine bemerkenswerten Ausführungen in dem spürbaren Bemühen, seinen Triumph nicht laut werden zu lassen. Keiner der Anwesenden murmelte »Unsinn«, obgleich Clovis' Lippen ein zweisilbiges Wort formten, das diesem nagenden Unglauben vermutlich entsprach.

»Damit wollen Sie also sagen, daß Tobermory jetzt in der Lage ist, zu sprechen und einfache Sätze aus einsilbigen Wörtern zu verstehen?« meinte Miss Resker nach einer kurzen Stille.

»Meine liebe Miss Resker«, erwiderte der Wundermann geduldig, »in der von Ihnen erwähnten Form unterrichtet man kleine Kinder, Wilde und geistig zurückgebliebene Erwachsene. Wenn man jedoch erst einmal das Problem gelöst hat, bei einem Tier mit sehr hochentwickelter Intelligenz den Anfang zu finden, braucht man diese ermüdende Methode nicht mehr. Tobermory ist in der Lage, unsere Sprache völlig korrekt zu sprechen.«

In diesem Augenblick sagte Clovis deutlich vernehmbar: »Wahnsinn!« Sir Wilfrid war zwar höflicher, jedoch nicht weniger skeptisch.

»Vielleicht ist es am besten, wir lassen Tobermory hereinholen und bilden uns dann selbst ein Urteil?« schlug Lady Blemley vor.

Sir Wilfrid begab sich auf die Suche nach dem Tier, und die übrigen lehnten sich bequem und in der anspruchslosen Erwartung zurück, Zeugen eines mehr oder weniger geschickten Bauchrednertricks zu werden.

Nur Sekunden später stand Sir Wilfrid wieder in der Tür: trotz der Bräune war sein Gesicht blaß, und in den Augen spiegelte sich seine Aufregung wider. »Bei Gott – es ist wahr!«

Seine Erschütterung war echt, und seine Zuhörer waren auf einmal hellwach und blickten ihn gespannt an.

Sir Wilfrid ließ sich in einen Sessel fallen; das Erlebnis hatte ihm fast den Atem verschlagen. »Er war im Rauchzimmer und schlief. Ich rief ihm zu, er solle zum Tee kommen. Wie üblich blinzelte er mich an, und ich sagte: ›Los, Toby – wir haben keine Lust zu warten!‹ Und bei Gott – mit einer entsetzlich natürlichen Stimme erwiderte er daraufhin, daß er käme, wenn es ihm paßte! Mich hat es fast umgeworfen!«

Appin hatte vor völlig ungläubigen Zuhörern gepredigt; Sir Wilfrids Feststellung überzeugte jedoch sofort. Ein Durcheinander verwirrter, aufgeregter Stimmen erhob sich, in dem der Wissenschaftler schweigend in seinem Sessel saß und die ersten Früchte seiner erstaunlichen Entdeckung genoß.

Dann betrat Tobermory den Raum; auf seinen Sammetpfoten schritt er mit betonter Gleichgültigkeit zu der Gruppe, die um den Teetisch saß.

Alle Anwesenden waren plötzlich verlegen und befangen; niemand wagte es, eine Hauskatze anzusprechen, deren geistige Fähigkeiten denen der Anwesenden ebenbürtig waren.

»Möchtest du etwas Milch haben?« fragte Lady Blemley schließlich mit aufgeregter Stimme.

»Meinetwegen«, lautete die Antwort, die in einem völlig gleichgültigen Ton gesprochen wurde. Ein Schauer unterdrückter Aufregung überlief die Zuhörer, und Lady Blemley goß die Milch mit bebender Hand in die kleine Schüssel. Aber das war verständlich.

»Ich glaube, ich habe etwas danebengegossen«, sagte sie entschuldigend.

»Schließlich gehört der Teppich nicht mir«, erwiderte Tobermory nur.

Wieder senkte sich ein Schweigen über die Anwesenden. Schließlich fragte Miss Resker mit ihrem hochmütigen Gesicht, ob die menschliche Sprache schwer zu erlernen sei. Tobermory sah sie einen Augenblick aufmerksam an und senkte dann vorwurfsvoll den Blick, damit zeigte er deutlich, daß er nicht geneigt war, auf derartig einfältige Fragen einzugehen.

»Was hältst du von der menschlichen Intelligenz?« fragte Mavis Pellington schüchtern.

»Wessen Intelligenz meinen Sie im besonderen?« fragte Tobermory kühl.

»Zum Beispiel – zum Beispiel meine«, sagte Mavis und lachte dabei verlegen.

»Damit bringen Sie mich in eine peinliche Situation«, sagte Tobermory, dessen Ton und Benehmen jedoch keinerlei Peinlichkeit verrieten. »Als Ihr Name im Zusammenhang mit den Einladungen zu dieser Party genannt wurde, erhob Sir Wilfrid Einspruch, weil Sie die dümmste Frau seines ganzen Bekanntenkreises seien und weil zwischen Gastfreundschaft und der Wohltätigkeit für geistig Minderbemittelte ein erheblicher Unterschied bestehe. Lady Blemley erwiderte darauf, daß Ihr mangelnder Verstand doch gerade der Grund zu der Einladung sei, da Sie – Lady Blemleys Ansicht nach – der einzige in Frage kommende Mensch wären, der ihren alten Wagen kaufen würde. Sie kennen den Wagen doch, nicht wahr? Man nennt ihn hier den ›Neid des Sisyphos‹, weil er jede Steigung sehr flott nimmt, wenn man ihn schiebt.«

Lady Blemleys Protest wäre erheblich wirkungsvoller gewesen, wenn sie nicht am gleichen Morgen – ganz nebenbei – zu Mavis gesagt hätte, daß der fragliche Wagen genau das richtige für sie sei, da sie schließlich in dem hügeligen Gebiet von Devonshire wohne.

Um von diesem Thema abzulenken, stürzte Major Barfield sich in das Gespräch.

»Was ist eigentlich mit der gefleckten Stallkatze, mit der du dich dauernd herumtreibst? Antwort!«

Jeder der Anwesenden merkte im gleichen Augenblick, daß diese Frage ein großer Fehler war.

»Normalerweise redet man vor anderen nicht über derartige Dinge«, erwiderte Tobermory kalt. »Nach allem, was Sie sich seit Ihrer Ankunft in diesem Hause geleistet haben, würde es Ihnen aller Wahrscheinlichkeit nach auch nicht passen, wenn ich die Unterhaltung auf Ihre eigenen Affären brächte.«

Die Unruhe, die diese Worte auslösten, beschränkte sich nicht nur auf den Major.

»Könntest du vielleicht in der Küche nachfragen, ob dein Essen schon fertig ist?« schlug Lady Blemley sofort vor und versuchte damit die Tatsache zu übersehen, daß es bis zu Tobermorys Abendbrot mindestens noch zwei Stunden dauern würde.

»Nein, danke«, sagte Tobermory, »das hat noch Zeit. Ich möchte nicht an einer Magenverstimmung sterben.«

»Du weißt doch, daß Katzen neun Leben haben«, meinte Sir Wilfrid nachdrücklich.

»Möglich ist es«, erwiderte Tobermory. »Aber sie haben nur eine Leber.«

»Adelaide!« warf Mrs. Cornett ein, »willst du diese Katze etwa noch dazu ermuntern, draußen mit dem Personal über uns zu lästern?«

Das Entsetzen hatte inzwischen alle Anwesenden ergriffen. Vor den meisten Schlafzimmerfenstern lief nämlich eine schmale, mit Ornamenten verzierte Balustrade entlang, und man erinnerte sich auf einmal, daß sie zu jeder Zeit Tobermorys Lieblingsaufenthalt war, von dem aus er die Tauben beobachtete – und der Himmel allein wußte, wen noch! Mrs. Cornett, die einen erheblichen Teil ihrer Zeit vor dem Toilettenspiegel verbrachte und der man ein nomadenhaftes, wenn auch pünktliches Wesen nachsagte, machte einen genauso unruhigen Eindruck wie der Major. Sollte Tobermory in seiner offenen Art sich einiger Dinge erinnern, würde die Wirkung mehr als nur verwirrend sein. Miss Scrawen, die ausgesprochen sinnliche Gedichte verfaßte und ein makelloses Leben führte, zeigte nur Entsetzen; wenn man in persönlichen Dingen systematisch und tugendsam vorgeht, hat man nicht unbedingt das Verlangen, daß alle Welt es erfährt. Bertie van Than, der schon mit siebzehn Jahren so verdorben war, daß er bereits vor einiger Zeit den Wunsch, noch schlimmer zu werden, fallengelassen hatte, verfärbte sich und wurde kalkweiß; immerhin beging er nicht den Fehler, den Raum überstürzt zu verlassen – wie Odo Finsberry, ein junger Mann, der Theologie studierte und den der Gedanke, in die Skandale anderer Menschen eingeweiht zu werden, völlig verwirrte. Clovis besaß die Geistesgegenwart, äußerlich völlig unbeteiligt zu wirken. Er überschlug in Gedanken, wie lange es dauern würde, sich irgendwoher eine Kiste mit besonders zarten Mäusen schicken zu lassen – als eine Art Schweigegeld.

Selbst in dieser heiklen Situation konnte Agnes Resker es nicht ertragen, längere Zeit im Hintergrund stehen zu müssen.

»Warum bin ich nur hierhergekommen?« rief sie dramatisch aus.

Tobermory ergriff sofort die Gelegenheit.

»Nach allem, was Sie gestern Mrs. Cornett gegenüber während des Krocketspiels äußerten, sind Sie wegen des ausgezeichneten Essens gekommen. Von den Blemleys sagten Sie, sie seien die langweiligsten Menschen, die Sie kennten; dann meinten Sie jedoch, daß die Blemleys immerhin so klug gewesen seien, sich einen ausgezeichneten Koch zu halten – sonst wäre es Ihrer Ansicht nach auch kaum vorstellbar, daß irgendein Gast zum zweitenmal hierherkäme.«

»Nicht ein einziges Wort davon ist wahr! Mrs. Cornett ist mein Zeuge...«

»Mrs. Cornett wiederholte Ihre Worte gegenüber Bertie van Than«, fuhr Tobermory fort, »und sagte noch: ›Dieses Weib ist ein regelrechter Freßsack. Wenn sie weiß, daß sie ihre vier ausgiebigen Mahlzeiten pro Tag bekommt, geht sie überall hin!‹ Und Bertie van Than sagte...«

Glücklicherweise wurde der Bericht an dieser Stelle unterbrochen. Tobermory hatte Tom, den großen gelben Kater aus dem Pfarrhaus, entdeckt, der durch die Ziersträucher zum Stall schlich. Mit einem gewaltigen Satz war er durch die offenstehende Terrassentür verschwunden.

Nach der Flucht seines allzu gelehrigen Schülers fand sich Cornelius Appin plötzlich inmitten eines Orkans erbitterter Vorwürfe, ängstlicher Fragen und flehender Bitten. Allein bei ihm liege die Verantwortung für die entsetzliche Situation, und an ihm sei es jetzt, dafür zu sorgen, daß alles nicht noch schlimmer würde. Ob Tobermory seine gefährliche Begabung auch anderen Katzen mitteilen könne, war das erste, was man ihn fragte. Möglich sei es, erwiderte er, daß er seine intime Freundin, die Stallkatze, in seine neuen Fähigkeiten einweihe; es sei jedoch unwahrscheinlich, daß er damit Erfolg hätte.

»Meinetwegen mag Tobermory eine wertvolle Katze und ein besonders liebes Tier sein«, meinte Mrs. Cornett. »Du wirst jedoch zugeben müssen, Adelaide, daß man ihn möglichst schnell beseitigen muß – und die Stallkatze auch!«

»Glaubst du etwa, daß ich die letzte Viertelstunde besonders genossen habe?« sagte Lady Blemley verbittert. »Mein Mann und ich mögen Tobermory wirklich gern – wenigstens mochten wir ihn, solange er diese schrecklichen Fähigkeiten noch nicht besaß. Aber jetzt gibt es natürlich keine andere Lösung, als ihn so schnell wie möglich zu beseitigen.«

»Vielleicht könnten wir etwas Strychnin in sein Fressen tun«, meinte Sir Wilfrid. »Die Stallkatze werde ich persönlich ersäufen. Der Kutscher wird seinem Liebling zwar nachtrauern, aber ich werde einfach sagen, daß bei beiden Katzen eine ansteckende Räude ausgebrochen sei und daß wir fürchteten, sie könnten auch die Hunde infizieren.«

»Und meine einzigartige Entdeckung!« unterbrach Mr. Appin ihn. »Nach so vielen Jahren des Forschens und Experimentierens . . .«

»Meinetwegen experimentieren Sie mit Rindviechern weiter, die man eingesperrt halten kann«, sagte Mrs. Cornett. »Oder auch mit den Elefanten in den Zoologischen Gärten. Elefanten sollen doch so intelligent sein, und außerdem sagt man von ihnen, daß sie sich weder in Schlafzimmern herumtreiben noch unter Sesseln verstecken!«

Ein Erzengel, der verzückt das Tausendjährige Reich verkündet hat und dann feststellen muß, daß es aus irgendeinem Grund auf unbestimmte Zeit hinausgeschoben wird, könnte kaum enttäuschter sein als Cornelius Appin über das Echo, das sein wunderbarer Erfolg ausgelöst hatte. Die öffentliche Meinung stand jedoch gegen ihn, und hätte man auf die Stimme der Allgemeinheit gehört, wäre eine bedeutende Minderheit vermutlich dafür gewesen, ihm ebenfalls eine strychningewürzte Speise vorzusetzen.

Schlechte Zugverbindungen und der nervöse Wunsch, das hoffentlich gute Ende noch mitzuerleben, verhinderten die sofortige Abreise der Beteiligten; aber trotzdem war das Abendessen kein gesellschaftlicher Erfolg. Besonders Sir Wilfrid hatte aufregende Stunden hinter sich – zuerst wegen der Katze, dann wegen des Kutschers. Agnes Resker begnügte sich – für alle sichtbar – mit einem trockenen Toast, in den sie jedoch hineinbiß, als sei er ihr persönlicher Feind. Mavis Pellington befleißigte sich eines störrischen Schweigens; Lady Blemley dagegen redete ununterbrochen und hoffte, daß man es als Unterhaltung ansehen würde, während ihre Augen immer wieder zur Tür wanderten. Auf dem Büfett stand eine Schüssel mit sorgfältig präpariertem Fisch – aber nachdem Nachspeise, Käse und Mokka abserviert waren, hatte man Tobermory weder im Speisezimmer noch in der Küche gesehen.

Der Leichenschmaus fand seine würdige Fortsetzung in der Nachtwache, die im Rauchzimmer abgehalten wurde. Essen und Trinken hatten zumindest zur Folge, daß die herrschende Verlegenheit bemäntelt und man von ihr abgelenkt wurde. Eine Partie Bridge stand jedoch bei der vorhandenen Nervenanspannung und auf Grund der allgemeinen Stimmung gar nicht zur Debatte. Um elf Uhr ging das Personal zu Bett, nachdem noch Bescheid gesagt worden war, daß das kleine Fenster in der Anrichte – Tobermorys Privateingang – wie üblich offenstehe. Die

Gäste hingegen lasen sich standhaft durch die vorhandenen Magazine hindurch und griffen sogar auf literarische Zeitschriften sowie auf die verschiedenen Sammelbände des *Punch* zurück. In regelmäßigen Abständen suchte Lady Blemley die Anrichte auf, kehrte jedoch immer mit einem Ausdruck dumpfer Niedergeschlagenheit zurück, der jede Frage überflüssig machte.

Um zwei Uhr brach Clovis das lastende Schweigen.

»Heute nacht kommt er doch nicht mehr. Vermutlich sitzt er in der Redaktion der hiesigen Zeitung und diktiert das erste Kapitel seiner Memoiren. Sie werden alles übrige aus dem Felde schlagen und die Sensation des Tages werden.«

Nachdem Clovis seinen Beitrag zur allgemeinen Unterhaltung beigesteuert hatte, begab er sich zu Bett. In längeren Abständen folgten die anderen Gäste seinem Beispiel.

Die Diener, die am folgenden Morgen den Frühstückstee auf den Zimmern servierten, gaben auf die stets gleiche Frage eine ständig wiederkehrende Antwort: Tobermory sei noch nicht nach Hause gekommen.

Das gemeinsame Frühstück verlief – wenn überhaupt möglich – noch unerfreulicher als das gestrige Abendessen; bevor man sich jedoch wieder erhob, wurde die Situation geklärt: Tobermorys Leichnam wurde ins Haus gebracht. Einer der Gärtner hatte ihn zwischen den Ziersträuchern gefunden. Aus der Bißwunde an seiner Kehle und den gelben Haarbüscheln an seinen Krallen wurde deutlich, daß er in dem ungleichen Kampf mit dem Tom aus dem Pfarrhaus unterlegen war.

Gegen Mittag hatten die meisten Gäste das Haus verlassen, und nach dem Essen hatte sich Lady Blemley wieder so weit erholt, daß sie an das Pfarrhaus einen äußerst unangenehmen Brief wegen des Verlustes ihres Lieblings schreiben konnte.

Tobermory war Mr. Appins erster erfolgreicher Schüler gewesen, und das Schicksal wollte es, daß er keinen Nachfolger bekam. Wenige Wochen später riß sich im Dresdener Zoo – ohne vorher die geringste Erregung zu zeigen – ein Elefant los und tötete einen Engländer, der ihn offenbar geärgert hatte. Der Name des Unglücklichen wurde von den Zeitungen verschieden angegeben: einmal als Oppin, dann wieder als Eppelin. Als Vorname wurde jedoch überall gleichlautend ›Cornelius‹ genannt.

»Wenn er versucht haben sollte, dem armen Tier die deutschen unregelmäßigen Verben beizubringen, hat er es auch nicht anders verdient«, sagte Clovis.

Rainer Brambach
Stanislaus

Der Kneipenkater Stanislaus,
ein Ohr geschlitzt,
Schmiß auf der rechten Backe,
zum Glück für ihn endlich kastriert –
sitzt auf dem Fenstersims,
falls er nicht liegt und schläft.
Falls er nicht schläft, der dicke Stanislaus,
schaut er vom Fenstersims auf uns herunter
mit einem Blick: ich kenne euch, ihr zwei,
versucht mal, etwas über mich zu wissen!

Ludwig Tieck
Misekätzchen

Misekätzchen ging spazieren
Auf dem Dach am hellen Tag,
Macht sich an den Taubenschlag,
Eine Taube zu probieren.
Schlüpft wohl in das Loch hinein,
Aber kaum ist sie darein,
Ist der Appetit vergangen;
Eine Falle, siehst du, fällt,
Für den Marder aufgestellt,
Und das Kätzchen muß nun hangen;
Und im Sterben schreit sie: trau'
Nicht auf Diebstahl je. Miau!

Gottlieb Konrad Pfeffel
Das Kätzchen

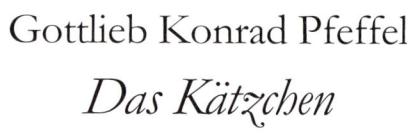

Ein unerfahrnes Kätzchen sah
Zum ersten Mal den Mond in vollem Lichte prange
Und sprach entzückt zum Großpapa:
»Sieh an der Decke dort den schönen Käse hangen.
Oh, hätten wir ihn doch!« – »Ei, lerne, blöder Fant«
Versetzt der Großpapa, »fürs erste Mäuse fangen,
Die sind uns näher bei der Hand.«

Wilhelm Busch
Ja ja!

Ein weißes Kätzchen, voller Schliche,
Ging heimlich, weil es gerne schleckt,
Des Abends in die Nachbarküche,
Wo man es leider bald entdeckt.

Mit Besen und mit Feuerzangen
Gejagt in alle Ecken ward's.
Es fuhr zuletzt voll Todesbangen
Zum Schlot hinaus und wurde schwarz.

Ja, siehst du wohl, mein liebes Herze?
Wer schlecken will, was ihm gefällt,
Der kommt nicht ohne Schmutz und Schwärze
Hinaus aus dieser bösen Welt.

Charles Baudelaire
Die Katzen

Die toll Verliebten und die strengen Weisen
Verehren, wenn die Kraft und Jugend schmolz,
Die Katzen sanft und stark, des Hauses Stolz,
Die fröstelnd, so wie sie, den Herd umkreisen.

Die, so wie sie, Weisheit und Sinnenglut
Und Dunkel lieben, Nacht von Grau'n durchflossen,
Die sich der Orkus hätt' erwählt zu Rossen,
Stünd' seinem Dienst zu Kauf ihr stolzes Blut.

Sie gleichen Statuen, wenn sie sinnend kauern,
Den großen Sphinxen in der Wüste Schauern,
Die ewig dämmern an des Traumes Rand.

Aus ihren Lenden magische Funken sprühen,
Und wie besternt von feinem goldnen Sand
Scheint ihres rätselvollen Auges Glühen.

M. Mackenzie Scott

Das Geburtstagsgeschenk

Es war Miezes dreizehnter Geburtstag. Da Mieze kein glückliches kleines Mädchen war, sondern eine abgelebte, ziemlich schäbige, ingwerfarbene Katze, ahnte sie nicht, was ein Geburtstag zu bedeuten hatte; denn ihre eigene instinktive Zählmethode kannte keine Ziffern. Aber die Worte ›dreizehnter Geburtstag‹ wurden ihr schon zu früher Morgenstunde wiederholt ins Ohr gerufen, als ihre Herrin, die Pförtnerin eines alten Hauses in Buda, sie aus ihrem Korb nahm und in einer für Mieze sehr unangenehmen Verrenkung an die Brust preßte. Mieze war jedoch so unangenehme Stellungen und so temperamentvolle Liebesbezeugungen gewohnt.

»O mein Liebling! Mutters einziges Kätzchen! Heut ist ja dein dreizehnter Geburtstag, und Mutter hat ein wunderschönes Geschenk für dich!« Mieze wurde gedrückt, geschüttelt und viele Male unter Freudenrufen durch die Luft geschwenkt, bevor sie endlich wieder in ihrem Körbchen landete. »Dreizehn Jahre lang warst du Mutters Trost!« pries die Pförtnersfrau, während sie umherschlurfte und mit viel Lärm das Schlafzimmer aufräumte. »Heute vor dreizehn Jahren wurdest du geboren, genau um vier Uhr nachmittags. Und ich hielt der armen Cilli das Pfötchen, bis alles vorüber war.« Die Frau beugte sich abermals über den Korb, und die alte Katze wurde wiederum ihres Gleichgewichts beraubt und zappelte hilflos wie ein herumgedrehter Käfer auf dem Rücken, die Beine in der Luft. Sie mußte alles über sich ergehen lassen, denn ihre Behendigkeit hatte sie längst eingebüßt.

Ihre Herrin hing über dem Korb und streichelte sie unaufhörlich. Ihr gealtertes Gesicht war mit Rouge und Puder hübschgemacht, ihre Zähne waren mit viel Gold gefüllt. Perlen, so groß wie kleine Monde, waren an ihren Ohrläppchen befestigt, und ein rotes Baumwolltuch bedeckte ihren Kopf. »Meine arme Mieze ist Witwe«, fuhr die Frau fort, »aber du hast deinen Max nicht vergessen, der von einem bösen Hund totgebissen wurde . . . He, Teri! Die Milch brennt an!« Die Tür hinter sich zuschlagend, stürzte sie in ihre kleine Küche.

Erlöst von der lauten Stimme und den allzu liebevollen Händen, kam Mieze allmählich wieder zu sich. Nachdem sie sich im Zimmer umgesehen und einen Augenblick noch den Stimmen in der Küche gelauscht hatte, begann sie ihre Morgentoilette. Die erste Bewegung war ein oberflächliches Lecken über das weiße Fell ihrer Vorderpfoten und ihrer Brust. Damit hatte sie sich sozusagen zu dieser Arbeit entschlossen, und sie reinigte ihre rechte Pfote jetzt gründlich von beiden Seiten, außen und innen, die Krallen herausstreckend und emsig die staubigen Büschel dazwischen mit ihren alten, stumpfen Zähnen herausbeißend. Nachdem sie ihre Pfoten für sauber hielt, feuchtete sie die rechte mit der Zunge an und legte sie an die rechte Schläfe, um sich etwas Störendes aus dem Auge zu wischen, das sie zuweilen plagte. Nun begriff sie in diesen Reinigungsprozeß noch ihre Nase ein, die trotz ihren fortgeschrittenen Jahren derselbe niedliche weiße Knopf geblieben war wie in ihrer Kindheit. Ziemlich schnell ging ihre Pfote über das rechte Ohr weg, denn das war unwichtig, weil ein Teil davon in ihrer Jugend von einem Hund abgebissen worden war. Aber das Ohrinnere wurde säuberlich und mit viel Sorgfalt gebürstet, gerieben und poliert.

Endlich machte Mieze eine Pause. Sie blieb tief aufatmend sitzen und starrte mit ihren blanken goldenen Augen das Tischbein an. Nachdem sie auch noch Rücken und Bauch gesäubert hatte, stieg sie bedächtig aus ihrem Korb und ging ans offene Fenster. Sie sprang auf einen Stuhl und sah durch das Drahtgitter hinaus, das die Öffnung verschloß. Sie mochte den Draht nicht, denn er hielt ihre Krallen fest, wenn sie die Pfoten durchzustecken versuchte, und wenn sie ihre Nase in eines der Löcher steckte, wurden ihre Schnurrhaare beschädigt. In ihrem Gedächtnis spukte noch immer eine schwache Erinnerung daran, wie sie früher frei in der Sonne auf dem Fensterbrett sitzen konnte neben dem alten Kater Max, der lange Jahre ihr Kamerad gewesen war. Aber sie wußte nicht, wie lange das zurücklag, noch brachte sie den Maschendraht mit dem Verschwinden von Max in Zusammenhang.

Mieze fühlte sich ziemlich schläfrig nach ihren Anstrengungen; aber ihre Herrin fegte gerade den Hof mit einem langen Besen aus Weidenzweigen, und ihre schnellen, lebhaften Bewegungen fesselten Miezes Aufmerksamkeit.

»He, Teri! Mach endlich den Vogelkäfig sauber!« rief sie ihrer Schwester zu, während sie den Staub aus den Winkeln tanzen ließ.

»Ja, ja«, piepste eine Stimme aus der Küche, und Teri erschien im Hof. Sie war eine schwächliche kleine Person mit einem ziemlich langen Rock und einem blauen Tuch um den Kopf. Ihre Augen spiegelten die Geduld und die Ängstlichkeit derer, denen Sprechen und Hören schwerfällt.

»Das ist der letzte Tag, an dem ich die Arbeit für die Baronin mache«, knurrte die Pförtnerin, während Teri das Näpfchen des Kanarienvogels ausschüttete. »Kein Mensch würde sich ihr Keifen und ihren Geiz gefallen lassen, aber ich wollte doch durchaus meiner lieben kleinen Mieze das schöne Geschenk machen.« Die hinter dem Drahtgitter hockende Katze öffnete die Augen beim Klang ihres Namens. »Zwanzig Pengö monatlich ist sehr wenig für Geschirrabwaschen und Dielenputzen jeden Nachmittag! Aber als der Mann mir sagte, das

Geschenk würde zwanzig Pengö kosten, habe ich zugesagt und mir das Geld auf diese Weise verdient.«

Jetzt erschien der Schuster, der im Hof wohnte, im Rahmen seiner Tür. Er war ein dicker ältlicher Mann mit rotem Gesicht und rotem Haar, das zu ergrauen begann. »Na, wie steht es nun mit dem Geburtstagsgeschenk?« erkundigte er sich heiter.

»Der Mann wird es um halb sechs herbringen«, antwortete die Pförtnersfrau aus ihren Staubwolken heraus. Dann warf sie den Besen auf ein leeres Blumenbeet an der Mauer und verzog sich in ihre Küche. Teri folgte ihr bald darauf. Jetzt war nichts mehr im Hof, das Miezes Schläfchen stören konnte, außer der Stimme des Kanarienvogels, der im Sonnenschein trillerte; aber das war schon lange zur Gewohnheit geworden.

Gegen Mittag erwachte sie von einem Geräusch, das sie beunruhigte. Zuerst wußte sie nicht, wo sie war, als sie die Augen öffnete. Die Pförtnerin rannte herein und hinaus und setzte Näpfe auf den Boden vor den Korb. An den Ausrufen und den verschiedenen Gerüchen merkte Mieze, daß ihr heutiges Mittagsmahl etwas Besonderes war. Aber als sie ihr Körbchen verließ, um es in Augenschein zu nehmen, bückte sich die Pförtnerin und hob sie auf den Schoß. »Meine Mieze muß hübsch sein an ihrem dreizehnten Geburtstag!« rief sie und begann ihr ein blaues Seidenband um den Hals zu binden. »Bist doch meine brave Mieze! Keine unerlaubten Wege! Kein Entwischen in der Nacht! Es ist deine Ehrbarkeit, Mieze, die dich jung erhalten hat. So, jetzt bist du hübsch und bereit für deinen Geburtstagsschmaus!« Die Pförtnerin sprang auf, und die steife alte Katze plumpste auf den Boden neben die Reihe der für sie bestimmten Schüsselchen. Erst mußte sie einen Augenblick stehenbleiben, bis sie ihr körperliches und geistiges Gleichgewicht wiedererlangt hatte; dann machte sie sich daran, den delikatesten Geruch herauszufinden.

Nachdem die Nachmittagsstille über das Haus gekommen und die Pförtnerin weggegangen war, um die Hausarbeit bei der Baronin zu verrichten, öffnete Teri die Tür zum Schlafzimmer. Mieze wartete an der Seite, damit beschäftigt, den Nachgeschmack ihrer Mahlzeit von Lippen und Kinn zu lecken; dann schlüpfte sie schnell hinter Teri her, um in die Sonne hinauszukommen. In der Mitte des Hofes setzte sie sich nieder und ließ die Schwanzspitze unternehmungslustig zucken, als wollte sie ihre wiedergewonnene Unabhängigkeit dartun. Ihre Hast war unnötig gewesen; denn Teri war ein armes, behindertes Geschöpf, das sie nicht zurückholen konnte. Mieze fühlte sich irgendwie belästigt durch das blaue Band, das unter ihrem Kinn hing, und versuchte, es mit ihrer Pfote abzustreifen; aber ihre Anstrengungen waren vergeblich. Sie streckte nun ein Hinterbein ganz weit aus, um es dann umständlich wieder einzuziehen und sich mit der Pfote hinterm Ohr zu kratzen. Nachdem sie sich diese kleine Erleichterung verschafft hatte, blinzelte sie gemächlich in die Runde, als erwartete sie den guten Einfall, der entscheiden würde, was sie jetzt beginnen sollte.

Über ihr trillerte verlassen der Kanarienvogel; drüben saß der Schuster in seiner offnen Tür und klopfte hölzerne Stifte in eine Schuhsohle. Mieze glitt lautlos in die Nähe seiner Tür.

»He, Mieze«, rief der Schuster weiterpochend, »du ahnst gar nicht, was dir bevorsteht, du alte Schraube! Hahaha! Du wirst ein Geschenk bekommen, worüber dir die Haare auf deinem alten Kopf zu Berge stehen werden!«

Mieze wendete ihren also bedrohten Kopf vorsichtig von der Tür weg. Obwohl sie nicht wußte, was der Schuster ihr da prophezeite, fühlte sie, daß sie von ihm reichlich genug hatte. Sie glitt an der Mauer entlang und bog in den Torweg ein, der zur Straße führte. Er war eng, zwei Türen lagen in der Mitte einander gegenüber. Eine davon war halb offen. Mieze näherte ihre Schnurrhaare dem Spalt.

»Mach, daß du wegkommst, du schmutziges Vieh!« rief eine helle Frauenstimme, »untersteh dich, in meine Küche zu kommen! Geh weg.« Ein Besen kam so plötzlich durch den Spalt geflogen, daß er Mieze an der Brust traf und sie mit ungewöhnlicher Gelenkigkeit zur Seite springen ließ. Jetzt öffnete sich die Tür auf der anderen Seite, und eine fette Frau mit einem Tuch um den Kopf sah heraus. Es war die Zeitungshändlerin, die das einzige Zimmer an dieser Seite bewohnte.

»Arme Mieze, arme alte Katze!« rief sie in tröstendem Singsang. »Können sie dich dort nicht leiden? Beschimpfen sie dich?! Na, laß gut sein!«

Die junge Frau mit dem Besen stieß ihre Tür auf. Sie war groß und hatte ein blasses, mürrisches Gesicht. Seit wenigen Wochen war sie verheiratet; aber ihre Augenlider waren ständig vom Weinen gerötet. »Ich will dieses schmutzige alte Vieh nicht in meiner Küche haben«, sagte sie herausfordernd. »Man muß sehen, daß man es los wird, es ist ungesund, es in der Nähe zu haben.« Vor Nervosität kamen ihr Tränen in die Augen, während sie sprach, und die dicke Frau betrachtete sie mit mitleidigen, mütterlichen Augen.

»Komm doch in mein Zimmer, meine Liebe«, sagte sie freundlich, »ich will das Radio anstellen; es wird dir guttun, ein bißchen Musik zu hören.«

Mieze kehrte um und stahl sich durch den Torweg zu den krummen Stufen, die zu der einzigen Wohnung im ersten Stock führten. Den inneren Teil der Wohnung vermied sie, weil sie aus Erfahrung wußte, daß dort Fremde – oft sehr unliebenswürdige Fremde – logierten. So durchschritt sie die Küche und ging auf die kleine Veranda, die gleichzeitig das Dach der Pförtnerswohnung bildete. Die Veranda war ein schmutziger Platz mit halbwelken Blumen, die in schmalen Kästen im Winkel standen. Verblaßte Photographien in Muschelrahmen schmückten die Wände. Ein verrottetes Brett, bedeckt mit kleinen Portionen von gekochtem Vogelfutter, lag nahe dem eisernen Geländer, durch das man in den Hof hinabsehen konnte. An der Seite der Veranda stand eine große hölzerne Truhe mit Dünger, der dafür bestimmt war, die Erde in den Blumenkisten zu verbessern. Auf dieser Truhe hielt der Besitzer der Wohnung gewöhnlich sein Nachmittagsschläfchen. Mieze war der Anblick seines kahlen Kopfes, der am Ende der Truhe auf einer Matte ruhte, ebenso vertraut wie die Bewegungen seines grauen Schnurrbarts, die dem Rhythmus seines Schnarchens entsprachen. Als sie auf die Truhe sprang, bemerkte sie einige Fliegen, die um des Mannes heraufgezogene Knie herumsummten. Sie stand ein paar Sekunden bewegungslos, bis eine von ihnen sich auf der grauen Hose niederließ; da hob sie die Pfote und schlug danach.

»He!« schrie der alte Mann, unsanft geweckt von dem Tatzenhieb. »Geh weg, Mieze! Scher dich weg, alter Störenfried!« Er setzte sich auf, trampelte laut auf den Fußboden und klopfte mit seiner langen Pfeife gegen die Truhe.

Mieze sprang auf den Boden und verbarg sich hastig; aber nachdem er sich wieder ausgestreckt hatte, um weiterzuschlafen, kehrte sie zurück, saß da und beobachtete die Fliegen, die ihn umschwirrten. Eine Fliege ging spazieren von dem kahlen roten Schädel bis zu den Augenbrauen, danach vom Genick zum Hals und erhob sich dann, anscheinend frohlockend und befriedigt, um gleich darauf ihre Reise von neuem zu beginnen. Der Anblick der winzig kleinen, beweglichen Körper erweckte in Miezes Brust eine seltsame Erregung. Die Spitze ihres Schwanzes zuckte, und zuletzt konnte sie es nicht länger ertragen, hob die Pfote und schlug auf den kahlen roten Kopf.

»Oh, mein Gott«, schrie der Auffahrende, »kann denn ein alter Mann nicht einmal auf seiner eigenen Veranda Ruhe haben? Diese verdammte Katze will mich nicht schlafen lassen!« Brummend und seinen Hinterkopf reibend, schlurfte er in die Küche.

Aus Widersprüchen zusammengesetzt, wie die Katze nun einmal von der Natur geschaffen ist, verlor Mieze jetzt plötzlich das Interesse an den Fliegen. Sie drehte sich um und sprang, ihre Kräfte zusammennehmend, auf den einzigen Stuhl, der auf der Veranda stand. Es war ein altes Strohding, vom Wetter geschwärzt und abgenutzt. In der Mitte des Sitzes war ein Loch, aber Mieze war es gewohnt, auf der Kante zu balancieren. Sie nahm ihre Lieblingsstellung ein, die Beine unter dem Körper.

Ermutigt von der Stille auf der Veranda, hüpften ein paar Sperlinge vom Dach herab und begannen an dem Futter auf dem Brett zu picken. Mieze beobachtete sie bewegungslos mit unergründlichen Augen, während sie nahe dem Geländer herumhüpften, zwitscherten und sich zankten. Jeder versuchte die andern von den Blumentöpfen zu verscheuchen. Mieze war viel zu alt, um ihnen gefährlich zu werden.

Als sie jetzt zum Himmel hinaufblickte, sah sie die Schwalben, die sich für ihren großen Herbstflug in den Süden übten. Eine Amsel saß auf dem Rand des Schornsteins, mit dem Schwanz wippend und in den dunklen Rauchfang hinabschauend. Vor langer Zeit war Mieze gern über die Dachziegel geglitten, die Schwalben beobachtend, wie sie hin und her schossen, gelegentlich auch einmal einen unachtsamen Sperling fangend, dort oder drüben an der Regenrinne. Sie war auf dem Dachfirst entlanggekrochen und oft genug sehr dicht herangekommen an die frechen Amseln, die auf dem Schornsteinsims saßen. Während sie jetzt hinaufstarrte, waren diese Erinnerungen weniger als Bilder in ihrem Kopf vorhanden, sondern als ein Bewußtsein in ihren steifen alten Muskeln. Ihre Augen schlossen sich ein- oder zweimal, als sie den Schwalben nachsah, und zuletzt sank ihr Kopf mit einer beinahe feierlichen Bewegung hinunter. Sie zog die Beine näher an den Körper. Nacheinander hüpften die Sperlinge nun auf den Rand der Veranda. Miezes Kopf begann hin und her zu schwanken wie der Kopf einer sehr alten Frau. Sie konnte nicht mehr nach den Sperlingen springen oder aufs Dach hinaufklettern; aber sie konnte in ihren Nerven noch immer das Hochgefühl von geschmeidigem Aufwärtsfliegen und mühelosem Absprung nachempfinden.

Als die Sonne im Sinken war, wurde Mieze von Schritten auf der Veranda geweckt. Eine Frau kam aus der Küchentür. Mieze wußte sofort, daß es eine Fremde war, noch während sie einige Schritte von ihr entfernt war, weil ihr Kleid lieblich und neu roch. Die Kleider der Leute im Hof rochen nach ranzigem Fett und Tomatensuppe oder nach Tabak; manchmal rochen sie ebenso wie die rostigen Gitter auf dem Pflaster vor dem Hause. Als die Fremde nahe an sie herankam, sah Mieze zu ihrem Gesicht auf, und die Fremde blickte zu ihr herunter und murmelte ein Wort vor sich hin. Mieze wußte zwar nicht, was das Wort bedeutete; trotzdem erfüllte es sie mit einem plötzlichen, unerklärlichen Entzücken. Da sie wußte, daß sie ihren Kopf nicht an dem Kleid der Fremden reiben durfte – sie hatte das aus sehr schlechten Erfahrungen mit Frauen, deren Kleider neu rochen, gelernt –, zupfte sie mit zitternden Pfoten das Stroh vom Sitz des Stuhles, während sie laut, mit hocherhobener Nase, schnurrte. Ihre Sinne waren wie hochempfindliche Antennen. Sie verrieten ihr, daß die Fremde gütig war, freundlich eingestellt ihr gegenüber und fähig, ihr wunderbare und unbegrenzte Wohltaten zu erweisen. Als ihr Schnurren erwartungsvoll anschwoll und ihre Krallen den Stuhlsitz immer aufgeregter bearbeiteten, hörte sie die Tür der Wohnung aufklinken und ihrer Herrin Schritte hereinkommen.

»Mieze! Mieze!« rief die Pförtnerin, als sie die Veranda erreichte.

Mieze sprang von ihrem Stuhl und rannte zu der Fremden. Ihr Instinkt sagte ihr, daß sie sicher und wohlbehütet sein würde, wenn sie sich an die Fremde hielt, und daß dann ihr tägliches Unglück aus ihrem Leben verschwinden würde. Und als sie sich hinter der Fremden versteckte, konnte sie nicht widerstehen, schnell einmal den Schwanz um eines ihrer Beine zu winden.

»Ist das Ihre Katze?« fragte die Fremde die Pförtnerin, indem sie auf die Katze niederschaute.

»Ja, seit dreizehn Jahren habe ich sie. Und heute ist ihr Geburtstag!« lachte die Pförtnersfrau. »Eine anständigere Katze hat noch nie gelebt, glauben Sie mir! Sie hat nur einmal in ihrem Leben ein Junges gehabt, und sie schien ganz erschrocken über das arme kleine Ding ... Komm jetzt, Mieze, komm mit herunter zu Mutter!«

Vergeblich versuchte Mieze dem Eingefangenwerden zu entgehen, indem sie sich um die Beine der Fremden herum zurückzog; das Schicksal, das für sie immer irgendein menschliches Wesen bedeutete, war unerbittlich. Die Fremde lachte und trat zur Seite, die Pförtnerin schoß auf Mieze herab, und dann wurde sie, obwohl sie mit den Beinen strampelte und den Schwanz aufrührerisch schlug, nach unten getragen.

Im Hof sprach die dicke Zeitungsfrau gerade mit Teri. Sie hatte bereits ihre hellgrüne Wolljacke angezogen, weil sie in einer halben Stunde die Abendzeitung austragen mußte. »Ich habe eben Teri von dem armen jungen Ding erzählt«, berichtete sie, der Pförtnerin ins Haus folgend. »Sie ist Waise, und sie besaß nichts außer ihren Kleidern, als sie ihn heiratete. Er kaufte die Möbel, und jetzt macht er ihr nun das Leben zur Hölle.«

»Was Sie nicht sagen!« antwortete die Pförtnerin geistesabwesend, während sie Mieze in ihren Korb setzte. »Oh, da ist er ja!« rief sie, zum Fenster hinausschauend und in die Hände klatschend. »Endlich bringt er ihn!«

Mieze setzte sich auf und leckte die Haare an ihrer Brust zurecht; dann zerkratzte sie das blaue Band, das sie um den Hals trug. Ihre Stimmung verdüsterte sich. Ihrem Empfinden nach hatte der Tag gerade genug unerwartete Dinge gebracht. Da war nach ihrem Geschmack viel zuviel Kommen und Gehen. Sie starrte den fremden Mann im Türrahmen mit schmal gekniffenen Augen voller Abneigung an.

»Guten Tag, liebe Frau! Ich bringe die Arbeit wie versprochen. Sieht sehr hübsch aus, muß ich sagen.« Der Mann begann das große Paket, das er trug, zu öffnen; aber die Pförtnerin verwies es ihm: »Ich möchte nicht, daß sie ihn nach und nach zu sehen bekommt«, sagte sie aufgeregt. »Sie muß ihn gleich im ganzen sehen, nachdem er ausgewickelt ist. Ich werde ihn hinter dem Bett auspacken.«

Der Mann zog ein zerknittertes Blatt Papier aus der Tasche. »Zwanzig Pengö, wie wir ausgemacht haben«, sagte er und reichte es ihr.

Die Pförtnerin öffnete eine Schublade und nahm ein abgenutztes Portemonnaie heraus. Sie seufzte, als sie das Geld in des Mannes schmutzige Handfläche zählte. Zwei große Silberstücke und zehn kleinere Münzen. Es war alles, was die Börse enthielt.

»Danke, liebe Frau, es stimmt«, sagte der Mann und steckte das Geld in die Tasche. »Wenn Sie es später einmal wieder wünschen«, fügte er hinzu, mit seinem kurzen Zeigefinger auf Mieze weisend, »dann rechne ich Ihnen nur fünfzehn Pengö.«

Die dicke Zeitungsfrau begann zu kichern, als der Mann das Zimmer verließ, und die Pförtnerin ließ sich auf die Knie nieder, um das Paket hinter dem Bett auszupacken. »Miezes Geburtstagsgeschenk ist da!« rief sie durch das Fenster dem Schuster auf der gegenüberliegenden Seite des Hofes zu. »Kommen Sie es doch ansehen!«

Aufrecht in ihrem Korb sitzend, wurde Mieze zusehends kleiner. Ihre goldenen Augen glitten von einem Gegenstand zum andern. Ihre scharfen, beinahe übernatürlichen Sinne hatten ihr gesagt, daß etwas Seltsames bevorstand. Was es war, wußte sie nicht, auch nicht, wo es war. Die Ahnung von etwas Unangenehmem machte alle Geräusche und alles, was sie sah, fremd – so das Papiergeraschel am Ende des Bettes, das Kichern der Zeitungsfrau, das Tischbein neben ihrem Korb und die leere Kohlenkiste an der Tür. Mieze warf einen trüben Blick auf den Schuster, der soeben eintrat; aber ihre Furcht stand in keinem Zusammenhang mit ihm, auch mit Teri nicht, die hinter ihm kam. Sie hatte nie zuvor so viele Menschen in dem kleinen Zimmer gesehen, noch so viel Gelächter gehört, und ihre Nerven vibrierten.

»Hier ist dein Geburtstagsgeschenk!« rief die Pförtnerin, indem sie sich auf den Boden neben Miezes Korb setzte. »Hier ist dein geliebter Max! Zurückgekommen zu seiner Mieze! Sieh ihn dir an, Mieze! Er sieht genau so aus, als ob er lebte!«

Mieze starrte auf das Ding auf dem Fußboden vor ihr, und jedes Haar an ihrem Körper sträubte sich. Das Ding sah Max ähnlich; aber es roch nicht wie Max! Es glotzte sie an mit glänzenden Augen, deren Unbeweglichkeit eine Drohung enthielt, der sie nicht gewachsen war. Und der Geruch war todesähnlicher, abstoßender als alles andere, was Mieze bisher gekannt hatte. Einen Augenblick blieb sie unentschieden und bewegungslos; dann brach ihre Seelenangst in einem gellenden Schrei aus. Spuckend und fauchend wich sie rückwärts über den Rand ihres Korbes aus und versuchte, auf das Bett zu springen. Aber sie verrechnete sich in der Entfernung und glitt auf den Fußboden zurück, die Bettdecke mit ihren Krallen herunterziehend.

»O guter Gott, Mieze!« jammerte die Pförtnerin. »Sie ist erschrocken vor Max!«

Sie wollte die Katze von der Bettdecke lösen; aber Mieze wehrte sich und schlug ihr die Zähne in die Hand. Die Pförtnerin riß sich mit einem Schrei von ihr los, und Mieze sprang erneut auf das Bett, flog über die Kissen und landete, ihre schwachen Kräfte zusammenreißend, schreiend auf dem Kleiderschrank. Das da unter ihr schien ihr ein Höllenspuk.

»Was geht denn hier vor?« fragte der Kohlenträger durch das offene Fenster. Er hatte wie allwöchentlich seine Last Holz nach oben getragen und im Hof den Lärm gehört.

»Oh, du mein Himmel, Mieze ist verrückt! Mieze ist verrückt!« piepste Teri mit zitternden Händen. Sie sah aus wie ein verängstigter Gnom mit ihrem Kopftuch und ihrem schleppenden Rock.

»Mein armer Liebling!« jammerte die Pförtnerin. »Es ist doch ihr dreizehnter Geburtstag, und ich wollte ihr etwas Gutes antun!«

»Ich werde sie einfangen«, sagte der Schuster, indem er einen Stuhl heranzog.

Mieze fauchte oben auf dem Kleiderschrank; ihre Augen glühten rot. Niemand kam es in diesem Augenblick in den Sinn, zu sagen, daß das eine Stuhlbein zerbrochen gewesen und nur notdürftig angeleimt war. Der Schuster stieg hinauf, das Bein gab nach, und bei dem Bemühen, sein Gleichgewicht zu bewahren, trat er mit dem Fuß so heftig auf den dünnen Holzsitz, daß er ebenfalls zerbrach. Die Schreckensschreie der Frauen begleiteten seinen Sturz.

»Jesus Maria!« Der Kohlenträger schrie laut auf, während er sein rundes, verschwommenes Gesicht an das Drahtgitter preßte.

»Ich werde sie schon herunterkriegen«, sagte der Schuster in unheilvollem Ton. Mit gerötetem, ärgerlichem Gesicht stieß er die Frauen zur Seite und verließ die Stube, sich die Sitzfläche reibend. Kurz darauf kehrte er mit einem Eimer voll Wasser und einem langstieligen Besen zurück.

»Einen Besen nehmen für meine Mieze!« wehklagte die Pförtnerin und rang die Hände.

»Besser wäre es, ihr würdet die ausgestopfte Katze verstecken«, riet der Kohlenträger, indem er eine bequemere Stellung vor dem Fenster einnahm.

Teri hob Max vom Fußboden auf und verbarg ihn in einer Kommode.

»Jetzt müßt ihr zurücktreten«, sagte der Schuster, den Eimer neben dem Schrank niedersetzend. Er packte den Besen in der Mitte mit einer Hand und hob ihn wie einen Speer über den Kopf. Als die Borsten über den Rand von Miezes Versteck kamen, begann sie zu spucken und dagegen zu kämpfen. Der Schuster bewegte den Besen von einer Seite zur andern; denn er wollte nicht, daß ihm Mieze auf den Kopf sprang. Als sie unversehens auf die andere Seite schoß, flog der Besenstiel zurück, schlug gegen die Hängelampe und zerbrach das dünne Glas.

»Die ist dahin!« rief der Kohlenträger draußen vor dem Fenster.

»Halt den Mund, du Landstreicher!« brüllte der Schuster mitten in der Arbeit. »Sonst will ich dir eins versetzen, damit du Grund hast, ihn aufzumachen!«

»Steigen Sie hier drauf«, sagte die Zeitungsfrau, indem sie ihm einen Küchenschemel reichte. »Er ist fest«, keuchte sie und wischte sich mit dem Handrücken die Lachtränen aus den Augen.

Der Schuster stieg auf den Schemel. Er konnte Mieze nicht sehen; denn es dämmerte stark, und sie war bis zur Wand zurückgewichen. Er fühlte jetzt, daß der Besen etwas Festes berührte, das Widerstand bot. Mit einem frohlockenden Siegesruf stieß er zu, und eine alte Küchenuhr, die dort seit Jahren vergessen gelegen hatte, polterte herab. Sie landete ausgerechnet in dem Wassereimer. Der kleine Hof widerhallte von dem Freudengeschrei des Kohlenträgers. Die Pförtnerin begann zu weinen; Teri machte sich mit erschrockenem Gesicht daran, das übergeschwappte Wasser aufzuwischen. Der Schuster gönnte der Uhr einen einzigen Blick, dann schlug er mit dem Besen wütend auf die Decke des Schrankes ein, bis der Besen Mieze traf. Mit zornigem Schwung warf er sie auf das Bett. Schlapp fiel sie auf den Rücken. Er ergriff sie beim Nackenfell, tauchte sie zweimal ins Wasser und warf sie mit der abschließenden Bemerkung »So, das wäre getan!« auf den Boden.

Tränen strömten über das Gesicht der Pförtnerin, als sie Mieze aufnahm und mit einem Handtuch trockenrieb. Die alte Katze lag in ihren Armen und rührte sich nicht, nur krampfhafte Zuckungen zitterten zuweilen über ihren Körper.

»Vielleicht kommt sie wieder in Ordnung, wenn sie trocken ist«, sagte die Zeitungsfrau zweifelnd und beugte sich nieder, um Augen und Zähne der Katze zu untersuchen. »Sie ist nicht verrückt, sie hat sich nur furchtbar erschrocken.« Mißbilligend schüttelte sie den Kopf. »Den Lohn für einen Monat Arbeit für das Ding dranzugeben – das war kein glücklicher Einfall«, fügte sie hinzu. Dann drehte sie sich um und hastete aus dem Zimmer, denn es wurde jetzt höchste Zeit für sie, den abendlichen Rundgang anzutreten.

Teri trug den Eimer auf den Hof hinaus und kam zurück, um ein warmes Tuch um die Schultern zu nehmen; denn auch sie mußte jetzt zu ihrer abendlichen Arbeit weggehen. Draußen im Hof tauschten der Schuster und der Kohlenträger einige grobe Worte, bevor sie sich trennten.

Nachdem alles ruhig war, legte die Pförtnerin Mieze in ihren Korb und stopfte ein Stück Flanell um sie herum, um sie warm zu halten. Dann stellte sie den Korb draußen auf die Türschwelle und setzte sich daneben in den milden Herbstabend. Des Schusters Lampe schien von der gegenüberliegenden Seite in den Hof heraus, und wieder klopfte sein Hammer. Über dem alten Schornstein erschien ein Stern, und plötzlich war die Farbe am Himmel ausgelöscht. Die

Pförtnerin schluchzte in ihre Schürze. »Arme Mieze, arme, arme Mieze!« sagte sie erstickt mitten in ihren Tränen. Endlich hob sie ihr tränennasses Gesicht und lehnte den Kopf an den Türrahmen. »Oh, lieber Gott«, flüsterte sie in die Dunkelheit hinein, »dafür zwanzig Pengö! Und ich hätte so nötig neue Schuhe gebraucht!«

In dem Korb neben ihr lag die alte Katze ohne jede Bewegung, denn die Zuckungen quälten ihre steifen Glieder nicht mehr.

Ernest Hemingway
Katze im Regen

Im Hotel wohnten nur zwei Amerikaner. Von all den Leuten, die ihnen auf ihrem Weg in ihr Zimmer auf der Treppe begegneten, kannten sie niemanden. Ihr Zimmer war in der zweiten Etage mit dem Blick aufs Meer und auch auf die öffentlichen Anlagen und das Kriegerdenkmal. In den öffentlichen Anlagen gab es große Palmen und grüne Bänke. Bei gutem Wetter war da immer auch ein Maler mit seiner Staffelei. Maler mochten die Art, wie die Palmen wuchsen, und die leuchtenden Farben der Hotels, die den Gärten und dem Meer gegenüberlagen. Italiener kamen von weit her, um an dem Kriegerdenkmal emporzusehen. Es war aus Bronze und glänzte im Regen. Es regnete. Der Regen tropfte von den Palmen. Wasser stand in Pfützen auf den Kieswegen. Das Meer durchbrach in einer langen Linie den Regen, glitt über den Strand zurück und kam herauf, um sich wieder in einer langen Linie im Regen zu brechen. Die Autos waren von dem Platz beim Kriegerdenkmal verschwunden. Auf der Schwelle eines gegenüberliegenden Cafés stand ein Kellner und blickte über den leeren Platz.

Die junge Amerikanerin stand am Fenster und sah hinaus. Grad unter ihrem Fenster hockte eine Katze unter einem der von Regen triefenden Tische. Die Katze suchte sich so zusammenzuballen, daß es nicht auf sie tropfen konnte.

»Ich geh runter und hole das Kätzchen«, sagte die junge Amerikanerin.

»Ich werd's machen«, erbot sich ihr Mann vom Bett her.

»Nein, ich hol's. Das arme Kätzchen da draußen; was es sich anstrengt, um unter dem Tisch trocken zu bleiben.«

Ihr Mann las weiter; er lag am Fußende des Bettes auf die zwei Kopfkissen gestützt.

»Werd nicht naß«, sagte er.

Seine Frau ging hinunter, und der Hotelbesitzer stand auf und verbeugte sich, als sie am Büro vorbeikam. Sein Pult stand ganz hinten im Büro. Er war ein alter und sehr großer Mann.

»*Il piove*«, sagte die Frau. Sie mochte den Hotelbesitzer.

»*Si, si, Signora, brutto tempo.* Es ist sehr schlechtes Wetter.«

Er stand hinter seinem Pult in der Tiefe des dämmrigen Zimmers. Die Frau mochte ihn. Sie mochte die todernste Art, mit der er alle Beschwerden entgegennahm. Sie mochte seine

Würde. Sie mochte die Art, wie er ihr gegenüber immer dienstbereit war. Sie mochte, wie er sich als Hotelbesitzer fühlte. Sie mochte sein altes, schweres Gesicht und seine großen Hände.

Sie mochte ihn, machte die Tür auf und sah hinaus. Es regnete stärker. Ein Mann in einem Gummicape überquerte den leeren Platz zum Café. Rechts um die Ecke mußte die Katze sein. Vielleicht konnte sie unter der Dachtraufe trocken bis hin gelangen. Während sie auf der Schwelle stand, öffnete sich hinter ihr ein Regenschirm. Es war das Mädchen, das ihr Zimmer aufräumte.

»Sie sollen nicht naß werden«, sagte sie lächelnd auf italienisch. Natürlich hatte sie der Hotelbesitzer geschickt.

Das Mädchen hielt den Schirm über sie, während sie auf dem Kiesweg unter ihr Fenster ging. Der Tisch stand da, vom Regen hellgrün gewaschen, aber die Katze war fort. Sie war plötzlich enttäuscht. Das Mädchen sah fragend zu ihr auf.

»*Ha perduto qualche cosa, Signora?*«

»Da war eine Katze«, sagte die junge Amerikanerin.

»Eine Katze?«

»*Si, il gatto.*«

»Eine Katze?« lachte das Mädchen. »Eine Katze im Regen?«

»Ja«, sagte sie, »unterm Tisch«, und dann: »Ach, ich wollte sie so gern haben. Ich wollte so gern ein Kätzchen haben.«

Als sie englisch sprach, nahm das Gesicht des Zimmermädchens einen verschlossenen Ausdruck an.

»Kommen Sie, Signora«, sagte sie, »wir müssen wieder hinein, Sie werden sonst naß.«

»Vermutlich«, sagte die junge Amerikanerin.

Sie gingen den Kiesweg zurück und überschritten die Schwelle. Das Mädchen blieb draußen, um den Schirm zuzumachen. Als die junge Amerikanerin an dem Büro vorbeiging, verbeugte sich der Padrone hinter seinem Pult. Sie fühlte sich innerlich irgendwie sehr klein und wie zugeschnürt. Beim Anblick des Padrone fühlte sie sich sehr klein und gleichzeitig wirklich wichtig. Einen Augenblick hatte sie ein Gefühl von höchster Wichtigkeit. Sie ging weiter, die Treppe hinauf. Sie öffnete die Zimmertür. George lag lesend auf dem Bett.

»Hast du die Katze?« fragte er und legte das Buch hin.

»Sie war weg.«

»Wo sie wohl hin sein mag?« sagte er, während er seine Augen vom Lesen ausruhte.

Sie setzte sich aufs Bett.

»Ich wollte sie so furchtbar gern haben«, sagte sie. »Ich weiß eigentlich gar nicht, warum ich sie so gern haben wollte. Ich wollte das arme Kätzchen haben. Es ist kein Spaß, ein armes Kätzchen draußen im Regen zu sein.« George las wieder.

Sie ging hinüber, setzte sich vor den Spiegel ihres Toilettentisches und besah sich in ihrem Handspiegel. Sie besah sich prüfend ihr Profil, erst eine Seite, dann die andere. Dann betrachtete sie ihren Hinterkopf und ihren Nacken.

»Was meinst du, wäre es nicht eine gute Idee, wenn ich meine Haare wachsen ließe?« fragte sie und besah sich nochmals ihr Profil.

George blickte auf und sah ihren Nacken, der wie bei einem Jungen ausrasiert war.

»Ich mag es so, wie es ist.«

»Ach, ich hab's so über«, sagte sie. »Ich hab's so über, wie ein Junge auszusehen.«

George veränderte seine Lage auf dem Bett. Er hatte, seitdem sie redete, nicht von ihr weggesehen.

»Du siehst ganz verteufelt hübsch aus«, sagte er.

Sie legte den Spiegel auf den Toilettentisch, ging zum Fenster hinüber und sah hinaus. Es wurde dunkel.

»Ich möchte meine Haare ganz straff und glatt nach hinten ziehen und hinten einen schweren Knoten machen, den ich wirklich fühlen kann«, sagte sie. »Und ich möchte ein Kätzchen haben, das auf meinem Schoß sitzt und schnurrt, wenn ich es streichle.«

»Wahrhaftig?« sagte George vom Bett her.

»Und ich will an meinem eigenen Tisch mit meinem eigenen Besteck essen, und ich will Kerzen. Und ich will, daß es Frühling ist, und ich will mein Haar vor dem Spiegel richtig bürsten können, und ich will ein Kätzchen haben, und ich will ein paar neue Kleider haben.«

»Nun hör schon auf, und nimm dir was zu lesen«, sagte George. Er las wieder.

Seine Frau sah aus dem Fenster. Draußen war es jetzt ganz dunkel, und es regnete immer noch in den Palmen.

»Auf jeden Fall will ich eine Katze haben«, sagte sie. »Ich will eine Katze haben. Ich will sofort eine Katze haben. Wenn ich keine langen Haare oder sonst ein bißchen Spaß haben kann, eine Katze kann ich haben.«

George hörte nicht zu. Er las sein Buch. Seine Frau sah aus dem Fenster auf den Platz, wo die Laternen jetzt angezündet waren. Jemand klopfte an die Tür.

»*Avanti*«, sagte George. Er sah von seinem Buch auf.

In der Tür stand das Zimmermädchen. Sie hielt eine große, schildpattfarbene Katze eng an sich gepreßt, die an ihrem Körper herunterhing.

»Verzeihung«, sagte sie. »Der Padrone sagte, ich soll dies der Signora bringen.«

Joachim Ringelnatz

*Schöne Fraun
mit schönen Katzen*

Schöne Fraun und Katzen pflegen
Häufig Freundschaft, wenn sie gleich sind,
Weil sie weich sind
Und mit Grazie sich bewegen.

Weil sie leise sich verstehen,
Weil sie selber leise gehen,
Alles Plumpe oder Laute
Fliehen und als wohlgebaute
Wesen stets ein schönes Bild sind.

Unter sich sind sie Vertraute,
Sie, die sonst unbezähmbar wild sind.

Fell wie Samt und Haar wie Seide.
Allverwöhnt. – Man meint, daß beide
Sich nach nichts als danach sehnen,
Sich auf Sofas schön zu dehnen.

Schöne Fraun mit schönen Katzen,
Wem von ihnen man dann schmeichelt,
Wen von ihnen man gar streichelt,
Stets riskiert man, daß sie kratzen.

Denn sie haben meistens Mucken,
Die zuletzt uns andre jucken.
Weiß man recht, ob sie im Hellen
Echt sind oder sich verstellen?
Weiß man, wenn sie tief sich ducken,
Ob das nicht zum Sprung geschieht?
Aber abends, nachts, im Dunkeln,
Wenn dann ihre Augen funkeln,
Weiß man alles oder flieht
Vor den Funken, die sie stieben.

Doch man soll nicht Fraun, die ihre
Schönen Katzen wirklich lieben,
Menschen überhaupt, die Tiere
Lieben, dieserhalb verdammen.

Sind Verliebte auch wie Flammen,
Zu- und ineinander passend,
Alles Fremde aber hassend.

Ob sie anders oder so sind,
Ob sie männlich, feminin sind,
Ob sie traurig oder froh sind,
Aus Madrid oder Berlin sind,
Ob sie schwarz, ob gelb, ob grau, –

Auch wer weder Katz noch Frau
Schätzt, wird Katzen gern mit Frauen,
Wenn sie beide schön sind, schauen.

Doch begegnen Ringelnatzen
Häßlich alte Fraun mit Katzen,
Geht er schnell drei Schritt zurück.
Denn er sagt: Das bringt kein Glück.

Hans Sachs

Von den Katzen und einem Wolf

*(In der Morgenweis Konrads von Würzburg;
1554, 1. August.)*

1

In einem Wald viel wilde Katzen waren,
die nährten sich von Mäus- und Rattenscharen.
Ihr König aber war sehr alt.
Sie lebten dort schon viele Jahr
in stetem Frieden, das ist wahr,
treu unter Katers Regiment,
man sie nur froh und sicher kennt.
Ein wilder Wolf ging um am Waldesrand,
der brachte Unruh in der Katzen Land,
er hauste schrecklich in dem Wald:
Er schonte weder dies noch das,
die Katzen, die er fing, er fraß.
Er wollte keinen Frieden geben
und schonen keiner Katze Leben.
Auf einem Baum die Katzen hielten Rat,
wie man vorm Wolf sich schütze durch die Tat.
Alsbald ein Rat mit Klugheit sprach:
»Wir sind zu klein und auch zu schwach.
Der Wolf ist zu gewaltig,
drum wollen wir einfaltig
die Abhilf überlassen Gott,
der wird uns retten aus der Not.«

2

Der zweite Rat sprach ohne jeds Vertrauen:
»Auf Gottes Hilfe lasset uns nicht bauen.
Ich rate euch, das best fürwahr
ist, daß wir alle flüchten bald
hinweg vom Wolf, weit fort vom Wald,
und suchen einen andern Ort,
wo wir ganz sicher sind hinfort.«
Ein dritter sprach: »Es reichet uns zur Schand
wenn fliehen wir aus unserm Vaterland,
verlassen es, weil droht Gefahr
uns durch des Wolfes hungrig Magen.
Wir Katzen wollen nicht verzagen!
Ihr alle, höret auf mein Wort,
das gebe Mut euch ab sofort:
Wenn wieder dieser Wolf ein Tier fällt an
und frißt es gierig, wie er oft getan,
dann wollen wir die Stunde nützen,
uns recht einander helfen, schützen.
Der Wolf wird überfallen
schnell von uns Katzen allen.
Wir kratzen ihm die Augen aus.
Er eilends flieht zum Wald hinaus.«

3

Der König pries den dritten Rat gar sehr,
versprach ihm große Gunst und viele Ehr.
Die Katzen schwuren zu der Stunde,
zu wagen alle Leib und Leben,
dem Wolfe kühn zu widerstreben.
Befreien wollten sie ihr Land,
erretten es aus Wolfes Hand.
Es überfielen alle Katzen
den Wolf mit ihren Krallentatzen.
Sie schlugen ihm manch böse Wunde.
Zuletzt er wurde totgebissen,
in viele Stücke gar zerrissen.
Das Katzenvolk nun Fried gewann.
Die Fabel zeiget euch hier an –
das Buch der Weisen lehrt es dem, der mag –,
daß ein Tyrann es ungestraft nicht wag,
zu rauben und zu üben Mord;
und treibt er's lange Zeit so fort,
so rächet eure Ehre,
befolgt der Katzen Lehre.
Die Freiheit siege über Schand,
stets frei sei unser Vaterland.

Christian Morgenstern
Der Kater

Lorus, im Verlaufe seines Strebens,
trifft den ersten Kater seines Lebens.

Dieser krümmt, traditioneller Weis',
seinen Rücken fürchterlich zum Kreis.

Lorus spricht mit unerschrockner Zärte:
Pax vobiscum! freundlicher Gefährte.

Johann Wilhelm Ludwig Gleim
Des Äsopus Katze

Einst spielte des Äsopus Katze
Mit einer kleinen Maus.

»Lauf, Mäuschen!« sagte sie und warf die scharfe Ta[
Liebkosend nach, ließ auf und nieder
Sie laufen, fing sie wieder,
Und sah vergnügt und freundlich aus.

»Ach, liebe Katze«, sprach die Maus,
»Ich kenne diese Schmeicheleien
Und diese Scherze; ach! sie dräuen
Mir armem Mäuschen meinen Tod!«

»Was?« sprach die Katze, »das ist Spott!«
Und biß sie tot!

Charles Dudley Warner
Calvin, der Musterkater

Calvin ist tot. Sein Leben, das für ihn lang, für uns andere aber kurz war, verlief ohne große Abenteuer; doch sein Charakter war so ungewöhnlich und seine Eigenschaften waren so vorbildlich, daß ich von denen, die ihn gekannt haben, gebeten worden bin, meine Erinnerungen an ihn aufzuzeichnen.

Herkunft und Ahnen waren von Geheimnis umhüllt; auch wie alt er war, konnte man nur schätzen. Der Rasse nach ein Malteser, war er, wie ich mit gutem Grund vermute, Amerikaner von Geburt – und sicherlich war er's nach seinen Neigungen. Auch Mrs. Harriet Beecher-Stowe, die ihn mir vor acht Jahren schenkte, wußte nichts über sein Alter oder seine Abkunft. Er war eines Tages aus der weiten, unbekannten Welt in ihr Haus geschritten und hatte sich gleich heimisch gefühlt, so, als sei er immer schon ein Freund der Familie gewesen. Offenbar hatte er künstlerische und literarische Neigungen – so, als hätte er sich gleich an der Tür erkundigt, ob dies die Wohnung der Verfasserin von *Onkel Toms Hütte* sei, und als man ihm dies versicherte, hatte er sich zum Bleiben entschlossen. Das ist natürlich nur Vermutung, denn seine früheren Lebensumstände sind – wie ich schon sagte – völlig unbekannt; doch konnte er sich bis dahin kaum in einem Hause aufgehalten haben, wo er nicht von *Onkel Toms Hütte* hätte reden hören.

Als er zu Mrs. Beecher-Stowe kam, war er schon erwachsen. Doch zeigte er keine Spur von Alter, sondern nur die glückliche Reife seiner Kräfte, und man hätte wohl sagen können, er habe in dieser Reife das Geheimnis ewiger Jugend gefunden. Und man konnte sich schwer vorstellen, daß er jemals altern würde, noch auch, daß er einmal ein unreifes Katerchen gewesen. Es war sein Geheimnis, daß er der gleiche geblieben war.

Ein paar Jahre später, als Mrs. Beecher-Stowe im Winter nach Florida übersiedelte, zog Calvin zu uns. Vom ersten Augenblick an fügte er sich der Hausordnung ein und wurde als zur Familie gehörig anerkannt; bald fragte jeder Besucher nach ihm, und in den Briefen, die wir bekamen, ließ man ihn immer grüßen. Wenngleich er das unaufdringlichste aller Wesen war, machte sich seine Persönlichkeit immer bemerkbar.

Das war schon in seiner äußeren Erscheinung begründet, die wahrhaft königlich war und edle Abstammung verriet. Er war groß, aber ohne die schwerfällige Beleibtheit der berühmten

Angora-Rasse. Kräftig und von ausgeglichenem Wuchs, war er in jeder Bewegung so anmutig wie ein junger Leopard. Wenn er sich reckte, um eine Tür zu öffnen – er öffnete alle Türen, die altmodische Klinken hatten –, bemerkte man seine erstaunliche Länge, die, wenn er sich auf dem Teppich vor dem Feuer reckte, überdimensional für diese Welt erschien, was sie tatsächlich auch war. Er hatte das feinste und weichste Fell, das ich je gesehen habe; der Rücken zeigte die sanfte Nuancierung der Malteser, unten aber, von der Kehle bis zu den weißen Tupfen auf seinen Pfoten, trug er schimmerndweißen, zarten Hermelin – immer untadelig sauber. Der schöngeformte Kopf ließ den Aristokraten erkennen; kleine, sauber geschnittene Ohren, ein rosa Schatten in den Nasenlöchern, ein hübsches, hochintelligentes Gesicht – ich würde es lieblich nennen, doch würde das nicht zu seinem wachen klugen Ausdruck passen.

Man kann sich schwer vorstellen, wie fröhlich er war – bei aller Würde, die mit seinem Namen verknüpft schien. Da wir von seiner Familie nichts wußten, muß man natürlich verstehen, daß Calvin sein Vorname war. In Zeiten der Entspannung entzückte ihn ein Wollknäuel, oder er spielte, während seine Herrin Toilette machte, mit hängenden Bändern, und wenn er nichts anderes hatte, haschte er nach dem eigenen Schwanz. Stundenlang spielte er für sich allein. Kinder mochte er nicht; vielleicht erinnerten sie ihn an ein unangenehmes Erlebnis. Er hatte keinerlei schlechte Manieren, denn sein Benehmen war vollkommen. Ich habe ihn niemals wirklich wütend gesehen, obwohl sein Schwanz steil aufrecht stand, wenn eine fremde Katze auf seinem Rasenfleck erschien. Er liebte keine Katzen, hielt sie wohl für schleichend und hinterlistig und verschmähte ihre Gesellschaft. Manchmal gab es im Gebüsch vor unseren Fenstern ein nächtliches Konzert. Dann verlangte Calvin, daß man ihm die Tür öffne; man hörte ein Rascheln, ein »Pestzt«, und das Konzert brach jäh ab – worauf Calvin gelassen wieder hereinkam und sich auf seinen Platz vor dem Kamin legte. Aufgeregt war er nicht, aber so etwas, noch dazu nahe am Haus, wollte er nicht haben.

Obwohl er feste Begriffe von seinen Rechten hatte und sie sich auch mit viel Ausdauer zu sichern wußte, verstimmte ihn ein Nein nicht weiter; er beharrte einfach auf seinem Begehren, bis er hatte, was er wollte. Essen war eine besondere Angelegenheit; er verfuhr nach dem Grundsatz der Gelehrten, wenn sie Wörterbücher anschaffen: Das Beste, so man kriegen kann. Er wußte genau, was es im Hause gab, und lehnte Rindfleisch ab, wenn Truthahn da war. Und wenn er was von Austern gemerkt hatte, wartete er mit dem Truthahn, falls etwa die Austern kämen. Trotzdem war er kein grober Prasser; wenn er mich Brot essen sah, aß er mit, falls er nicht glaubte, daß man ihm etwas vormachen wollte. Auch seine Eß-Sitten waren verfeinert; obwohl er kein Messer benutzte, brauchte er die Pfote so graziös wie ein wohlerzogener Erwachsener die Gabel. Nur unter Zwang aß er in der Küche; in der Regel bestand er darauf, im

Eßzimmer serviert zu bekommen, und wartete geduldig, falls nicht fremder Besuch zugegen war. Dann umschlich er den Gast, weil der ja vielleicht die Hausordnung nicht kannte und ihm etwas gab.

Man sagt, daß er als Tischtuch auf dem Fußboden ein wohlbekanntes Kirchenblatt bevorzugte – aber soviel ich weiß, hatte er keine religiösen Vorurteile. Er duldete die Diener, weil sie zum Hause gehörten, und strich manchmal um den Küchenherd; im Augenblick aber, wenn Gäste kamen, erhob er sich, öffnete die Tür und marschierte in den Salon. Er genoß dort die Geselligkeit unter Gleichgestellten und blieb, so viele auch kommen mochten – nur mußte er sie als würdig anerkennen. Calvin liebte Gesellschaft, aber er wollte sie sich aussuchen – aus aristokratischer eher als aus dogmatischer Differenzierung. Wie es ja den meisten Leuten geht . . .

Calvins Intelligenz war, von seiner Lebensstufe her gesehen, phänomenal. Er erfand eine Methode, seine Wünsche und sogar einige seiner Gefühle mitzuteilen; und er wußte sich in vielen Dingen selber zu helfen. Es gab eine Stellvorrichtung für die Heizung in einem abgelegenen Raum; dorthin zog er sich zurück, sobald er allein sein wollte, und öffnete den Schieber, wenn er es wärmer wünschte. Aber er stellte die Heizung niemals ab; er schloß auch keine Türe. Fast alles konnte er, nur sprechen nicht; manchmal wünschte er sich's wohl, wir sahen's ihm an. Etwas an ihm war bemerkenswerter als alle andern Eigenschaften, nämlich seine Naturliebe. Er konnte stundenlang aus einem niedrigen Fenster in die Schlucht hinunter auf die hohen Bäume schauen und auf die leiseste Bewegung lauschen. Seine größte Freude war, mit mir durch den Garten zu gehen, wenn die Vögel sangen und die frische Erde in der Sonne duftete. Dann sprang er wie ein Hund, rollte sich im Gras und war außer sich vor Wonne. Wenn ich arbeitete, saß er bei mir und beobachtete mich oder sah zum Fenster hinaus nach dem Zwitschern im Kirschbaum. Auch Sturm, Regen und Schnee lockten ihn ans Fenster, besonders das winterliche Spiel der Flocken. Er schätzte Vögel, aber soviel ich weiß, holte er sich nur einen täglich – nicht aus Lust am Töten wie mancher Sportsmann, sondern weil er es für nötig hielt. Nur mit den Eichhörnchen im Kastanienbaum war er fast zu intim, denn jeden lieben Sommertag brachte er eins zur Strecke, bis er sie beinahe verjagt hatte. Er war ein hervorragender Jäger und hätte Schaden angerichtet, wenn sein Eifer nicht gezügelt worden wäre. Er hatte kaum etwas von der Brutalität der niederen Tiere; Ratten mochte er nicht, aber er wußte, was seines Amtes war, und führte gleich in den ersten Monaten einen verheerenden Krieg gegen die Horde. Später genügte seine bloße Nähe, um sie fernzuhalten. Mäuse amüsierten ihn, aber sie waren zu kleines Wild, als daß er sie ernst nehmen konnte; ich habe ihn einmal eine ganze Stunde mit einer Maus spielen sehen, wonach er sie dann mit königlicher Herablassung laufen ließ. Welch ein Gegensatz war doch Calvin zur Raffgier unseres Zeitalters!

Ich zögere, von der Zärtlichkeit seines Wesens zu sprechen, denn in seiner Reserviertheit liebte er dergleichen nicht. Wir verstanden einander vollkommen, aber wir redeten nicht davon. Wenn ich ihn rief und mit den Fingern knipste, kam er; kehrte ich abends heim, so wartete er sicherlich hinter der Tür, stand dann auf und wandelte langsam den Gang hinunter, als habe er nur zufällig dort gelegen – so zurückhaltend war er, seine Gefühle zu zeigen. Wenn ich die Tür öffnete, stürmte er nie hinein, wie Katzen tun, sondern zögerte und rekelte sich, als wolle er eigentlich nicht, um dann doch gnädigst nachzugeben. Dabei wußte er, daß das Mittagessen fertig war und er kommen sollte, denn sein Zeitgefühl war unfehlbar. Manchmal, wenn wir im Sommer fort wollten, wurde früh gegessen, und Calvin, der im Gelände herumstrolchte, kam zu spät. Aber das passierte ihm nur selten. Nie stürmte er durch eine offene Tür ins Freie – das wäre unter seiner Würde gewesen. Wollte er hinaus, und hatte man ihm geöffnet, so ging er sehr gemächlich; ich sehe ihn noch auf der Schwelle, wie er in den Himmel guckte, als überlege er, ob nicht ein Schirm ratsam wäre, bis man ihm beinahe den Schwanz einklemmte.

Seine Freundschaft war beständig, aber kaum demonstrativ. Als wir nach fast zweijähriger Abwesenheit heimkehrten, hieß uns Calvin wohl mit sichtlichem Vergnügen willkommen, aber er zeigte eher ein ruhevolles Behagen, als daß er uns umschmeichelt hätte. Es gelang ihm, uns darüber froh zu stimmen, daß wir wieder zu Hause waren. Seine Treue war so anheimelnd. Er war gern in unserer Nähe, wollte aber nicht gehätschelt oder auf den Schoß genommen werden; solchen Vertraulichkeiten entzog er sich mit sanfter Würde. Zärtlich sein durfte nur er. Oft saß er mir still gegenüber und sah mich an, kam dann impulsiv herüber und zupfte an meinem Rock und Ärmel, bis er mit seiner Nase mein Gesicht berühren konnte; dann ging er zufrieden davon. Morgens kam er in mein Arbeitszimmer, legte sich still neben mich oder auf den Tisch, sah stundenlang zu, wie die Feder über das Papier glitt, und wischte manchmal mit dem Schwanz darüber hin, bis er zwischen den Blättern einschlief. Manchmal saß er mir auch auf der Schulter und guckte beim Schreiben zu. Es interessierte ihn stets, und er haschte nach der Feder, bis er begriffen hatte, wozu sie da war.

Seine freundschaftliche Reserve schien zu sagen: »Wir wollen unsere Persönlichkeit achten und nicht viel Gerede um unsere Zuneigung machen.« In Trivialität zu verfallen schien ihm, wie Emerson, gefährlich. »Warum so übereilte Vertraulichkeiten? Laß das Streicheln und Knutschen . . .« Dazu will ich etwas erzählen, das man mir vielleicht nicht glaubt: Calvin pflegte einen Teil der Nacht der Betrachtung ihrer Schönheiten zu widmen und kam dann über das Dach des Wintergartens durch das offene Fenster ins Zimmer, um sich am Fußende meines Bettes schlafen zu legen. Das machte er immer so; wenn wir ihn über die Treppe mit hinauf nahmen, war er unzufrieden. Dies nur nebenbei. Morgens machte er dann Toilette und ging mit der ganzen Familie frühstücken. Wenn aber die Hausfrau abwesend war – und nur dann –, kam Calvin morgens, wenn der Wecker klingelte, zum Kopfende des Bettes, reckte sich, sah mich an und lief hinter mir her, wenn ich aufgestanden war. Er »half« beim Ankleiden und schnurrte ausdrucksvoll sein: »Ich weiß, sie ist fort! Aber ich bin hier . . .« Das waren die seltenen Erlebnisse mit Calvin.

Es gab Grenzen bei ihm. So lieb ihm die Natur war – von Kunst verstand er nichts. Einmal hatte man ihm einen schönen, sehr ausdrucksvollen Katzenkopf aus Bronze von Frémiet geschenkt. Ich stellte ihn auf den Fußboden. Calvin betrachtete ihn genau, kroch vorsichtig näher, beroch ihn, spürte, daß etwas nur vorgetäuscht war, machte kehrt und kümmerte sich nicht mehr darum. Er führte ein glückliches und auch erfolgreiches Leben und kannte, soviel ich weiß, nur eine Furcht: er hatte einen tödlichen Widerwillen gegen Spengler. Wenn der Spengler kam, blieb er nicht im Hause. Kein Zureden konnte ihn beruhigen. Unsere Sorgen wegen der Rechnung kann er ja nicht geteilt haben, aber er mußte während der uns unbekannten Periode seines Lebens irgendeine schreckliche Erfahrung mit ihnen gemacht haben. Ein Spengler war für ihn ein Teufel, der nur Böses im Schilde führen konnte.

Was Calvin wert war? Nach dem Standard der Welt, der heute große Mode ist und in jedem Nekrolog zu finden, habe ich ihn niemals eingeschätzt. Den Spengler hörte man einmal davon reden: »Sie sagen, *sie* hätte gesagt, daß *er* gesagt hätte, er würde ihn nicht für hundert Dollar hergeben.« Überflüssig zu sagen, daß ich dergleichen nie geäußert habe, denn Calvin wäre für kein Geld zu kaufen gewesen.

Im Rückblick erscheint mir Calvins Leben glücklich, weil es natürlich und ohne Zwang dahinging. Er aß, wenn ihn hungerte, schlief, wenn er müde war, und freute sich seines Daseins bis zu den Krallen seiner Zehen und der Spitze seines ausdrucksvoll und gemächlich bewegten Schwanzes. Er durchwandelte den Garten, umstrich die Bäume und genoß, im grünen Grase liegend, alle Herrlichkeiten des Sommers. Man konnte ihn nicht faul schelten, doch kannte er das Geheimnis der Ruhe. Wenn ein Dichter so hübsch von ihm schrieb: ›Sein kleines Leben sei von einem Schlaf umrundet‹, so unterschätzte er diese Glückseligkeit; nicht ein Schlaf, sondern viele Schlafe umschlossen sie. Sie beschwerten sein Gewissen nicht. Er hatte gute Gewohnheiten und ein zufriedenes Gemüt. Ich sehe ihn noch zur Tür meines Arbeitszimmers hereinspazieren, sich neben meinen Stuhl setzen, den Schwanz kunstvoll um die Füße legen, und seinen hübschen Kopf unsagbar beglückt zu mir wenden. Wie oft dachte ich dann, er fühle die törichte Schranke, die ihm die Sprache versagte. Da es so war, verschmähte er die unartikulierten Laute der niederen Tierwelt. Das vulgäre Miauen und Jaulen des Katzenvolks war ihm zuwider; manchmal, wenn er auf etwas ihm wichtig Erscheinendes aufmerksam machen wollte oder einen Wunsch hatte, äußerte er das knapp und wohlerzogen, aber er schrie niemals. Stundenlang wartete er manchmal draußen vor dem geschlossenen Fenster, lautlos geduldig, und wenn es geöffnet wurde, schoß er nicht ungestüm ins Zimmer. Er konnte nicht reden und wollte die häßlichen Katzenlaute nicht gebrauchen, aber seine tiefe Zufriedenheit mit zu ihm passender Gesellschaft drückte er durch fein abgestimmtes Schnurren aus. Er besaß dafür ein Organ mit verschiedenen Schlüsseln und Tonstärken, mit dem er ohne Zweifel Scarlattis berühmte Katzen-Fuge hätte musizieren können.

Ob Calvin am Alter oder an einer jüngere Jahrgänge befallenden Krankheit gestorben ist, läßt sich unmöglich sagen; sein Scheiden war geräuschlos, wie sein Kommen geheimnisvoll gewesen ist. Ich weiß nur, daß er in dieser Welt vollkommen von Gestalt erschien und nach einer gewissen Zeit wie Lohengrin entschwand.

Während seiner Krankheit gab es so wenig zu bedauern wie in seinem ganzen untadeligen Dasein. Nie habe ich erlebt, daß eine Krankheit so sanft und so voll Würde und Ergebung ertragen wurde wie die seine. Sie kam allmählich, eine gewisse Gleichgültigkeit und Mangel an Appetit. Beunruhigend war, daß er die Wärme der Zentralheizung dem offenen Holzfeuer vorzog. Ob er Schmerzen hatte? Dann duldete er sie schweigend: nur niemand lästig fallen mit seinem Kranksein! Wir lockten ihn mit den Leckerbissen der Jahreszeit, aber zu essen wurde ihm bald unmöglich. Und zwei Wochen lang genoß er fast nichts. Manchmal versuchte er's, offenbar uns zu Gefallen. Die Nachbarn – ach, sie wissen ja nie was Gescheites! – rieten zu Katzenminze. Er mochte sie nicht mal riechen. Wir riefen einen Mediziner – aber der kurierte nur Seelen und konnte nicht helfen. Calvin nahm, was man ihm gab, aber mit einer Miene, die erkennen ließ, daß die Zeit der Pillen für ihn vorüber war. Tag für Tag saß oder lag er nun fast regungslos, ohne auch nur ein einziges Mal Zuckungen oder schmerzliche Krämpfe merken zu lassen, die mit anzusehen so peinvoll ist. Sein Lieblingsplatz war der hellste Fleck auf einem Smyrnateppich beim Wintergarten, wo die Sonnenstrahlen hinkamen und er den Springbrunnen hörte. Wenn wir zu ihm gingen und Teilnahme an seinem Befinden äußerten, schnurrte er immer vor Dankbarkeit. Und als ich leise seinen Namen rief, schaute er auf, als sagte er: »Ich versteh' dich, mein Alter, aber es hat keinen Zweck mehr!« Jedem Besuch erschien er als ein Muster von Ruhe und Geduld in Trübsal.

Als es zu Ende ging, war ich nicht daheim, bekam aber täglich Nachricht über seine zunehmende Schwäche; ich habe ihn lebend nicht wiedergesehen. An einem sonnigen Morgen stand er von seinem Teppich auf – er war sehr mager geworden –, ging in den Wintergarten und machte langsam die Runde. Er sah alle Pflanzen an, die er kannte, wanderte dann zum Erkerfenster im Eßzimmer und stand lange dort; er schaute hinaus auf den Rasen, der nun braun und verdorrt war, und in den Garten, wo er vielleicht die glücklichsten Stunden in seinem Leben zugebracht hatte. Es war ein letzter Blick. Er wandte sich um, legte sich auf seinen hellen Fleck im Teppich und starb dann still.

Es ist nicht zu viel gesagt, wenn ich berichte, daß Calvins Tod ein kleiner Schock für die Nachbarschaft war; seine Freunde, einer nach dem andern, kamen, ihn noch einmal zu sehen. Sein Begräbnis war ohne Sentimentalität, dergleichen wäre ihm unangenehm gewesen. John, unser Diener, schaffte für ihn eine Kerzenkiste herbei und sorgte für das herkömmliche Dekorum. Leichtfertig wie immer, soll er aber in der Küche gesagt haben, es wäre die trokkenste Leiche gewesen, die er jemals begleitet hätte.

Jeder war Calvin zugetan und hatte Respekt vor ihm. Er und Bertha, unser Hausmädchen, waren beste Freunde. Sie verstand ihn. Aber sie sagte manchmal, sie fürchte sich ein bißchen vor ihm, wenn er sie so überlegen klug angucke, und sie sei gar nicht sicher, er wäre das, was er zu sein schiene.

Als ich heimkam, hatte man Calvin auf einen Tisch ans offene Fenster in einem der oberen Zimmer gelegt. Es war im Februar. Er lag in Immergrün gebettet, und ihm zu Häupten stand ein kleines Glas mit Blumen. Er lag mit dem Kopf in die Vorderbeine geschmiegt wie so oft vor dem Kamin, als kuschelte er sich in die Wärme seines samtenen Pelzes. John begrub ihn unter dem Zwillings-Dornbaum, der weiß und rot blühte, auf einem Fleckchen, wo Calvin gern gelegen und dem Summen der Sommerbienen, dem Zwitschern der Vögel gelauscht hatte.

Vielleicht ist es mir nicht gelungen, dieses charaktervolle Geschöpf so lebendig zu machen, wie es uns erschien, die Calvin gekannt haben. Doch habe ich über ihn nur die buchstäbliche Wahrheit geschrieben. Es war ein Geheimnis um ihn. Ich wußte nicht, woher er gekommen war, und weiß nicht, wohin er gegangen ist. Aber ich wollte kein Reislein Unwahrheit in den Kranz flechten, den ich auf sein Grab lege.

Frederick Stuart Greene
Die Rache der Katze

Sally! Hallo, Sally! Ich fahre jetzt!« Jim Gantt schlug die schlappe Krempe seines abgetragenen Filzhutes zurück und wandte seine farblosen Augen dem Blockhaus zu.

Eine junge Frau kam um die Hausecke. In jeder Hand trug sie ein Bündel Hühner. Sie sprach nicht, bevor sie den Wagen erreicht hatte.

»Gut, Jim, dann nimm die Dinger mit nach Andalushy. Wirst du auch nicht wieder in der Kneipe hängenbleiben?« Die Frage kam gedehnt und hoffnungslos heraus, und ohne Hoffnung war auch ihr kurzer Blick in des Mannes blaßgelbes Gesicht.

»Seit mehr als drei Monaten habe ich keinen Tropfen getrunken, das weißt du doch!« Jims Antwort klang mürrisch.

»Na ja, Jim, in letzter Zeit hast du dich wirklich betragen, wie sich's gehört.« Sie warf die Hühner auf den Wagen, völlig gleichgültig, ob sie sich ihre zusammengebundenen und verwikkelten Beine brachen. »Sie sind zwei bis drei Cent wert das Stück, das wären zusammen zwei Dollar, Jim. Gib sie nicht billiger her!«

Jim zog unachtsam die Leine an, die ihm als Zügel diente. »Los, Muli!« rief er, und der Wagen rumpelte auf schwankenden Rädern der heißen, staubigen Landstraße zu.

Eine lange Minute starrte die Frau auf des Mannes gekrümmten Rücken, bevor sie sich abwandte und mit einem verbitterten Lächeln auf den Lippen zum Hause zurückging.

Die Verkommenheit ihrer Umgebung kam Sally Gantt nicht zu Bewußtsein, als sie die kurze Strecke vom Weg bis zu ihrem Blockhaus zurücklegte. Sie hatte die ganzen zweiundzwanzig Jahre ihres Lebens hier in diesem äußersten Winkel von Alabama verbracht, wo eine der öden, unaufgeräumten Rodungen inmitten der endlosen Kiefernwälder genauso trübsinnig wirkte wie die andere. Wenigstens blieben ihr dadurch die Vergleiche erspart, die Öl in das Feuer ihrer schwelenden Unzufriedenheit gegossen haben würden. Trotzdem verursachte der Anblick dieses kahlen Landes ohne Graswuchs, das meilenweit mit eintönigen Kiefern bewachsen oder in der sumpfigen Niederung von geil wucherndem Röhricht bedeckt war, eine unendliche Bitterkeit in ihr, die alle ihre Gedanken vergiftete.

Das Blockhaus Jim Gantts enthielt zwei Räume, getrennt durch eine Art offener kleiner Vorhalle, in Alabama »Dogtrot – Hundetrab« genannt, und bei den weit verstreut wohnenden

97

Nachbarn als Luxus angesehen. Gantt hatte das Haus vor vier Jahren erbaut, als er das Land als Heimstatt erwarb und Sally zur Frau nahm.

Der Hausbau hatte augenscheinlich seinen Vorrat an Energie bis zum Bodensatz aufgebraucht. Abgesehen von der lebensnotwendigen, aber mühseligen Plackerei, einen kleinen Flecken Land mit Korn zu bebauen, einen noch kleineren mit süßen Kartoffeln und im fauligen Wasser des Pigeon-Creeks zu fischen, tat er von da nichts weiter. Sally hielt die Hühner, ihre einzige Geldquelle, und kümmerte sich nachlässig um das halbe Dutzend Schweine, die zusammen mit dem struppigen Maultier ihr lebendes Inventar darstellten.

Als die Frau den Fuß auf die roh zugehauene Holzstufe setzte, die den Eingang zum Dogtrot bildete, hielt sie plötzlich inne, um zu lauschen. Aus der Küche kam ein schwaches Geräusch, als ob dort jemand etwas zerkaute. Auf Zehenspitzen ging Sally zur Tür.

Eine Katze saß auf dem mit ungewaschenem Geschirr bedeckten Tisch und knabberte an einem Fischkopf. Es war ein hageres Tier, dessen magere Flanken mit rauhem Pelz überzogen waren, ausgenommen die Stellen, an denen Narben die nackte Haut sehen ließen. Ihre kräftigen Kinnbacken zermalmten den dicken Kopf des Fisches, als ob er ein Vogelei wäre.

Sally sprang zum Herd und packte ein Kiefernscheit. »Verwünschtes gelbes Scheusal!« schrie sie. »Wirst du machen, daß du hier rauskommst!«

Die Katze sprang seitwärts auf den Boden. Sally schleuderte das zackige Stück Holz wirbelnd durch die Luft. Es polterte gegen die Wand und verfehlte um Handbreite das Tier, das jetzt seinen Buckel wölbte und seinen Standort behauptete.

»Du unverschämtes Biest! Ich werde dich lehren . . .« Sally bückte sich nach einem anderen Holzscheit. Die Katze floh vor dem Wurfgeschoß durch die Tür.

»Ich werde dich totschlagen!« schrie Sally hinter ihr her. »Ich werde dich schon erwischen!« Sie setzte sich schwerfällig nieder und wischte sich den Schweiß von der Stirn.

Einige Minuten später erhob sie sich vom Stuhl und ging durch den Dogtrot ins Schlafzimmer. Sie warf ihren verblichenen Sonnenschutzhut in eine Ecke, löste ihr Haar und begann es zu bürsten.

Sally Gantt war weder hübsch noch sonstwie anziehend. Jedoch in einem Land, das nur von Holzfällern bewohnt wurde, machten sie schon ihre schwarzen Haare und Augen, ihre klare Haut und die weißen Zähne zu einer Schönheit. Sie war eine Frau und obendrein jung. Für einen Mann, der ebenfalls jung war und der zwei Jahre lang kein Gesicht zu sehen bekommen hatte, das nicht gezeichnet war von Frost oder Fieber, keine Augen, ausgenommen glanzlos blaue mit weißen starren Wimpern, keine gesunden Zähne und die kranken stets verfärbt von Kautabak, mochte sie wohl verlockend erscheinen.

Mit weiblicher Gewandtheit steckte Sally ihr Haar wieder auf. Sie nahm ein blaues Kattunkleid vom Holzhaken. Es war noch ziemlich neu, jedenfalls noch nicht von der sengenden Sonne ausgeblichen, und gab ihrer schlanken Gestalt einen Anflug von Anmut. Unter dem Bett zog sie ein Paar sehr derber Schuhe hervor, von der Art, wie sie Menschen benötigen, die in einer solchen Einöde leben. Sie hatten weder Schnallen, noch waren sie zuzuschnüren, man konnte sie leicht an- und ausziehen.

Zur Vollendung ihrer Toilette schlang Sally ein Band aus billiger blauer Seide um den Kopf, wodurch das Blitzen ihrer schwarzen Augen noch mehr hervorgehoben wurde. Dann verließ sie das Haus und schritt über den mit Abfällen besäten Hof. In kurzer Entfernung von der Hütte blieb sie stehen und blickte umher. »Wie entsetzlich überdrüssig bin ich bloß all dieser Dinge hier!« sagte sie heftig. »Ich hasse das Haus, ich hasse den ganzen Ort! Und mehr als alles hasse ich Jim!«

Sie wandte sich und ging zwischen den Reihen des wachsenden Korns hindurch, die bis zur Grenze der Lichtung reichten. Dort begann der Kiefernwald, die einzige karge Gabe, die die Natur diesem Land gegeben hat. In dem angenehmen Schatten beschleunigte sie ihre Schritte. Die Bäume standen in endlosen ungeordneten Reihen. Sie wuchsen kerzengerade und ohne Zweige in die Höhe, wo sie ihre ausgebreiteten Wipfel dem Sonnenlicht darboten.

Nach einer Viertelmeile Weges erreichte Sally das Tiefland. Sie schritt die unbedeutende Bodenwelle hinunter und wanderte nun durch das Röhricht. Hier war es dämmrig, denn das dicht wuchernde Rohr war zweimal so hoch wie sie, und über dem Rohr breiteten die Sumpfzypressen ihre Zweige aus, die mit dem traurigen grauen Moos des Südens überzogen waren. Kein Sonnenstrahl drang durch das üppige Laubwerk, um den feuchten Boden darunter zu erhellen. Sally suchte sich langsam ihren Weg durch den Sumpf, vorsichtig jedes herabfallende Stück Holz untersuchend, bevor sie den nächsten Schritt wagte. Unsichtbare Insekten summten zu Millionen in dem feuchten Gewirr. Schlammiges Wasser sickerte von den dicken Sohlen ihrer Schuhe, grüne und violette Blasen, von irisierender öliger Haut überzogen, stiegen in jedem ihrer Fußstapfen auf. Als sie um eine scharfe Biegung trat, packten sie die Arme eines jungen Mannes, die sie einfingen und hochhoben – eines Jungen um die Zwanzig herum.

»Oh, Bob, du erdrückst mich – du nimmst mir die Luft!«

Wortlos küßte er sie wieder und wieder.

»Hör auf, Bob, hör jetzt auf! Hast du noch nicht genug?«

»Kann ich jemals genug haben! Oh, Sally, ich liebe dich so!« Seine Stimme zitterte.

»Du bist ganz anders als alle hier, Bob!« In Sallys Stimme schwang Stolz mit. »Noch nie habe ich einen von dem hiesigen Mannsvolk so mit seinem Mädchen umgehen gesehen, wie du es tust!«

»Es gibt auch kein anderes Mädchen, das sie so wild machen könnte!« Er hielt sie von sich ab und fuhr leidenschaftlich fort: »Daß du mir nicht etwa einen von ihnen den Versuch machen läßt!«

Sally lächelte in seine brennenden Augen. »Du weißt doch, daß ich das nicht tue! Außerdem haben alle Angst vor Jim!«

Das Blut schoß dem jungen Mann ins Gesicht, er ließ die Arme sinken und stand ernüchtert da. »Sally, auf diese Weise können wir es nicht länger treiben – aus diesem Grund bat ich dich heute, hier an den Fluß zu kommen!«

»Was ist passiert?« Sie sah erschrocken aus.

»Ich gehe von hier fort.«

Sie machte einen hastigen Schritt auf ihn zu. »Hast du deine Arbeit bei der neuen Eisenbahnlinie verloren?«

»Nein! Komm runter zum Boot, da können wir alles in Ruhe besprechen!«

Er führte sie hinunter ans Flußufer zu einem flachen Ruderboot und ließ sie mit einem Anflug von Ritterlichkeit im Heck Platz nehmen, bevor er den Sitz ihr gegenüber einnahm. »Nein, ich habe meine Arbeit nicht verloren«, begann er mit großem Ernst, »aber mein Abschnitt ist so gut wie fertig. In etwa einer Woche werden sie mich weiter raufbringen, wo mit dem Bau der Strecke fortgefahren wird.«

Sie saß einen Augenblick stumm, ihre schwarzen Augen waren fragend geweitet. Er suchte ein Zeichen von Kummer.

»Was soll ich nur machen, wenn du weggehst?« Ein Klang von Hoffnungslosigkeit lag in ihrer Stimme.

Das gefiel dem jungen Mann. »Paß auf, das ist der springende Punkt. Anstatt mich wegbringen zu lassen, geh' ich von selbst!« Er hielt inne, um sicher zu sein, daß sie die folgenden Worte richtig verstand. »Und zwar will ich heute abend schon fort, und dich werde ich mitnehmen!«

»Nein, nein! Das kann ich nicht!« Sie schauderte vor seinem bedeutsamen Blick.

Er beugte sich rasch zu ihr hinüber und schloß sie in seine Arme. Seine Worte zitterten vor Leidenschaft.

»Doch! Du willst! Du mußt! Denn du liebst mich!«

Sally nickte in hilfloser Zustimmung.

»Mehr als alles andere auf der Welt?«

Sally nickte wieder. Er küßte sie. »Dann hör zu. Heute nacht um zwölf kommst du hierher – ich warte am Rande des Sumpfes auf dich! Wir rudern hinunter nach Brewton, dort können wir bequem den Zug sechs Uhr zwanzig nach Mobile bekommen, und dann werden wir anfangen zu leben!«

»Aber das kann ich doch nicht! Bist du denn verrückt? Wie kann ich denn weggehen, wo doch Jim im Hause ist?!«

»Ich habe an alles gedacht. Du gibst ihm dies.« Er holte eine Flasche unter dem Sitz hervor. »Du weißt, daß er sich dann betrinken wird; es ist der stärkste Kornwhisky, den ich auftreiben konnte.«

»Oh, Bob, dazu bin ich zu ängstlich.«

»Liebst du mich denn nicht?« Seine jungen Augen blickten vorwurfsvoll.

Sally schlang beide Arme um seinen Hals und bog seinen Kopf zu ihren Lippen herunter. Dann stieß sie ihn von sich. »Bob, sag mal, ist es wirklich wahr, was die Männer erzählen: Daß die Eisenbahngesellschaft euch Ingenieuren jeden Monat hundert Dollar zahlt?«

Er lachte. »Ja, Liebling, teilweise sogar mehr! Ich bekomme hundertfünfundzwanzig. Und die habe ich zwei Jahre lang bekommen in diesem gottvergessenen Land, wo nicht einmal Gelegenheit ist, fünf Dollar auszugeben! Ich habe über tausend Dollar gespart!«

Die Augen der Frau weiteten sich. Sie küßte den Jungen auf den Mund. »So viel Geld? Dann bezahlen sie dich ja, als wärst du der beste Ingenieur auf der Strecke!«

Der junge Mann warf seinen Kopf stolz auf.

Sally stellte bei sich einige Berechnungen an, ehe sie wieder sprach: »Oh, Bob, ich kann es doch nicht, ich bin viel zu ängstlich!«

Er riß sie an sich. Ein Mann von größerer Erfahrung würde die Lüge in ihrem Widerstreben gemerkt haben. »Aber, Liebling, vor was fürchtest du dich denn?« rief er.

»Was wollen wir anfangen, wenn wir in Mobile sind?«

»Oh, ich habe alles bedacht: Die Gesellschaft baut eine neue Linie unten in Texas – dorthin werden wir gehen! Ich werde auch dort eine Anstellung als Ingenieur bekommen. Wozu habe ich denn etwas gelernt?!« schloß er prahlerisch.

»Du wirst meiner überdrüssig werden und mich loswerden wollen, Bob!«

Er erstickte ihre Worte unter heftigen Küssen. Sein junges Herz schlug zum Zerspringen. In hellen Farben schilderte er ihr die Vorzüge von Mobile, New Orleans und der ganzen Welt, die ihnen zu Füßen lag, damit sie darin leben und einander lieben konnten.

Als Sally das Boot verließ, hatte sie versprochen zu kommen. Er wollte um Mitternacht auf sie warten, dort, wo der Kiefernwald an das Röhricht stieß.

Oben am Damm drehte sie sich noch einmal um und winkte.

»Warte! Warte doch!« rief der Junge und rannte den Abhang hinauf.

»Halt ein, Bob, du tust mir ja weh!« Sie befreite sich aus seinen Armen und eilte zurück auf den schlammigen Pfad. Als sie den Kiefernwald erreichte, machte sie eine Pause. »Mehr als tausend Dollar!« murmelte sie, und ein träges Lächeln lag auf ihrem Gesicht.

Die Sonne, die jetzt über den Wipfeln der Bäume stand, warf ihre sengenden Strahlen durch das Laubwerk. Sie trafen die Erde in senkrechten Pfeilen und erhitzten sie bis zum Siedepunkt. Nicht ein Lüftchen bewegte die glänzenden Kiefernnadeln an den hohen Ästen. Es war einer von jenen Sommertagen, an denen die feuchtigkeitsgesättigte Luft des südlichen Alabama das Leben zu einer dampfenden Hölle für alle Lebewesen macht, ausgenommen Reptilien und Verliebte.

Nachdem Sally ihre Hütte wieder erreicht hatte, ging sie zuerst in die Wohnküche. Sie öffnete den Küchenschrank, zog den Korken aus der Flasche, stellte den Whisky auf das Regal und schloß die hölzerne Tür.

Sie ging durch den Dogtrot ins Schlafzimmer – ein ärgerliches Knurren begrüßte sie. In der Mitte des Bettes kauerte die gelbe Katze, mit funkelnden Augen, jeder Muskel über ihrem Knochengerüst gestrafft, bereit zum Sprung. Die Frau fuhr erschrocken zurück. Die Katze erhob sich und kam mit steifen Beinen über das Bett auf sie zu. Einer starrte dem andern fest entschlossen in die Augen.

»Mach, daß du fortkommst, bevor ich dich totschlage, du gelber Teufel!« Sallys Stimme klang hart wie Stahl.

Die Katze stand aufgerichtet auf der Bettkante und zeigte die blitzenden Zähne in ihrem großen Maul. Ohne sich auch nur einen Augenblick durch ihr herausforderndes Anstarren beirren zu lassen, zog Sally einen Schuh vom Fuß.

Die Katze sprang mit gespreizten Krallen geradewegs auf die Kehle der Frau los. Der schwere Schuh traf sie auf halbem Weg am Kopf. Katze und Schuh fielen miteinander auf den Boden. Die Katze, gewichtlos und lautlos, huschte durch die offene Tür davon. Sally mußte sich an die Blockwand lehnen; mit zitternden Fingern faßte sie nach ihrer Kehle.

»Jim! Komm herein! Das Abendbrot ist fertig!« rief Sally aus der Hütte. ›Er hat heute noch nichts getrunken‹, dachte sie. ›Es ist drei Monate her, daß er Whisky bekommen hat; er wird verrückt danach sein.‹

Der Mann nahm ein paar Scheit Holz auf und kam mit schleppenden Füßen durch die Dunkelheit. Sally, die sein unlustiges Gebaren beobachtete, fühlte jetzt die drückende Melancholie ihrer verkommenen Umgebung mit voller Stärke. Aufgeweckt durch die enthusiastischen Pläne ihres Liebhabers, regte sich die Einbildungskraft in ihr.

In einiger Entfernung stand eine abgeschälte Kiefer mit scharfem Umriß gegen den Horizont. Ohne Rinde hatte der tote nackte Stamm die Farbe abgenagter Knochen. Nahe dem verkümmerten Wipfel reckte sich ein Ast waagerecht aus. Tausendmal vorher hatte die Frau den abgestorbenen Baum nicht beachtet, heute abend erschien er ihr wie ein geisterhafter Galgen vor dem schwarzen Himmel. Sally schauderte und wandte sich zurück ins Licht der Küche.

»Ich habe gerade unten beim Holzhaufen eine Klapperschlange totgeschlagen«, Jim warf seine Last Holz ab und zog sich einen Stuhl an den Tisch, »eine große mit hellem, schillerndem Rücken.«

»Hast du ihre Haut verletzt?« fragte Sally schnell.

»Nein, ich habe ihr Genick glatt durchgehauen, gleich hinter dem Kopf! Und es ging so schnell, daß ihre Fangzähne noch entblößt sind, glaub' ich!«

»Biß sie nach dir?«

»Jawohl, ein Zischen kam aus ihrem Maul, gerade wie ein Nebel!«

»Ach, du willst mich aufziehen!«

»Nein, ganz und gar nicht! Ich habe davon erzählen hören, aber ich hab's noch nie zuvor gesehen! Die Stelle, an der sie lag, war nachtschwarz, und als ich die Axt auf sie niedersausen ließ, sah ich etwas wie einen Hauch, etwas wie weißen Dampf vor ihrem Maul.«

»Wie groß war sie denn, Jim?«

»Etwas über zwei Meter!«

»Hast du sie schon gehäutet?«

»Nein, es war zu dunkel; aber ich habe sie hochgehängt, damit die Ratten nicht drangehen. Die Haut werde ich in Andalushy verkaufen.« Jim beendete sein Abendessen schweigend – die Schlange hatte ein ausgiebigeres Gespräch veranlaßt als sonst.

Während Sally das Geschirr abwusch, kam die gelbe Katze zur Tür herein. Sie schlich an der Wand entlang, wich der Frau aus und sprang auf die Knie ihres Herrn. Jim sah ihr freundlich in die Augen und streichelte ihr rauhes Fell. Die Katze begann laut zu schnurren.

Sally betrachtete die beiden eine Weile schweigend. Dann sagte sie: »Jim, du mußt die Katze töten!«

Jim zeigte grinsend seine vom Tabak verfärbten Zähne.

»Das kann ich dir gleich sagen, das tu' ich nicht!«

»Jim, sie hat mich heute angegriffen und würde mich schrecklich gebissen haben, wenn ich ihr nicht meinen Schuh an den Kopf geworfen hätte!«

»Na, dann mußt du ihr etwas angetan haben! Laß sie in Ruhe, dann wird sie dir auch nichts tun!«

Die Frau zögerte und sah unentschlossen zu dem Mann hinüber. Nach kurzer Zeit begann sie wieder zu sprechen: »Jim Gantt, ich frage dich zum letzten Mal, an wem ist dir mehr gelegen – an mir oder an diesem knurrenden Katzenvieh?«

»Die Katze knurrt mich nicht so oft an wie du!« antwortete der Mann mürrisch. »Wie dem auch sei, ich denke nicht daran, sie totzuschlagen, und du wirst sie künftig in Ruhe lassen! Kümmere du dich um deine Angelegenheiten! Die Katze gehört mir. Und trag jetzt die Matratzen raus in den Dogtrot; es ist zu heiß, um im Haus zu schlafen.«

Die Frau ging hinter ihm an den Küchenschrank, öffnete die Tür und verließ den Raum. Jim streichelte die Katze. – Eine Minute verging.

In die trüben Augen des Mannes trat ein Schimmern und wuchs. Langsam hob er den Kopf. Seine Nasenflügel zitterten. Er schnüffelte in die heiße Luft wie ein Hund, der sich anstrengt, eine entfernte Fährte wahrzunehmen. Seine Zunge bewegte sich zwischen den Lippen hin und her. Die Frau stand in der Dunkelheit draußen und lächelte grimmig.

Plötzlich stand der Mann auf. Die Katze fiel vergessen zur Erde, drehte sich in der Luft und landete auf den Füßen. Jim tappte zum Küchenschrank. Als seine Hand die Flasche ergriff, wurde der Schimmer in seinen Augen zur brennenden Flamme. Er riß die Flasche vom Brett. Mit in den Nacken gelegtem Kopf trank er. Die scharfe Flüssigkeit rann brennend durch seine Kehle. Dann ging er zu seinem Sitz zurück. Die Katze rieb sich an seinen Beinen, er bückte sich, hob sie auf den Tisch, schwenkte die Flasche gegen sie und lachte: »Hier, der Schluck ist für dich und noch einmal für dich!« Dann trank er so viel wie ein halbes Wasserglas voll von der farblosen Flüssigkeit.

Sally trug die Matratzen in den Dogtrot. Angekleidet erwartete sie die Mitternacht.

Eine Stunde verging, bevor Jim die geleerte Flasche gegen die Holzwand in der Küche schmetterte. Dann stellte er sich auf die Füße, indem er sich mit beiden Händen an die Tischplatte klammerte und sich auf diese Weise hochzog. Bei dieser Anstrengung fiel die Kerze um. Er schielte nach der Kerze und schlug mit der Hand danach. Das heiße, geschmolzene Wachs sickerte, ohne daß er es merkte, zwischen seinen Fingern durch. Ohne die Tischplatte loszulassen, wendete er sich der offenen Tür zu, stützte seinen schwankenden Körper so einen Augenblick und torkelte dann vorwärts. Seine Schulter krachte gegen den Türpfosten, sein Körper machte eine halbe Drehung, und er fiel der Länge nach zu Boden. Die Matratze verfehlte er um einen Meter. Sein Hinterkopf schlug hart auf die Bretter des Dogtrotfuß- bodens. Regungslos blieb er liegen, die Füße auf der Türschwelle.

Die gelbe Katze glitt leicht über den liegenden Körper hinweg und lief hinaus in die Nacht.

Mit weitgeöffneten Augen lag die Frau – wachend. Nachdem sie einige Augenblicke gespannt gelauscht hatte, hörte sie ein leises Atmen der hingestreckten Gestalt. Sally runzelte die Stirn. »Der hört und sieht nichts mehr!« sagte sie laut zu sich selbst und drehte sich auf die Seite. Sie schätzte nach dem Stand der Sterne, daß es noch nicht elf war. Schläfrigkeit überkam sie, sie sank in einen unruhigen Schlummer.

Draußen in der Nacht streifte die gelbe Katze umher. Nahe dem Holzstoß hielt sie an. Mit ausgestreckter Pfote berührte sie etwas, das am Boden lag. Ihre langen Zähne packten das Ding, und sie schlich damit auf das Haus zu. Lautlos sprang sie auf den Fußboden des Dogtrots. Lautlos, mit an den Boden gepreßtem Körper, querte sie den Raum.

Als sie an der Frau vorbeikam, murmelte diese etwas und schlug im Halbschlaf mit der Hand nach ihr. Die Katze machte sich noch flacher. Nahe dem Arm, der nach ihr geschlagen hatte, ließ sie das Ding, das sie trug, aus ihren Zähnen gleiten. Dann lief sie davon.

Die Nacht schritt vor, während Millionen Stimmen gellend in der Finsternis lärmten.

Die Frau wachte auf. Die Sterne standen blaß am wolkigen Mitternachtshimmel. Sie streckte ihre rechte Hand aus, die Handfläche nach unten, und stützte sich dann mit ihrem vollen Gewicht darauf, um sich aufzurichten.

Zwei Nadelstiche durchbohrten ihr Handgelenk. Ein erstickter Schrei entrang sich ihrem Mund. Sie griff mit der linken Hand hinüber, um die verletzte Stelle zu befühlen. Dabei berührte sie etwas Kaltes, Festes, Klebriges, ein totes Ding. Sie riß ihre Hand zurück. Das Ding blieb haften. Ein Schrei gellte durch die Luft. Die heftigen Schmerzen in ihrem Arm nahmen im Augenblick bis zur Unerträglichkeit zu. Noch einmal machte sie den Versuch, das peinigende Anhängsel abzustreifen; ihre Hand tastete hilflos in die Dunkelheit. Sie vermochte sich nicht zum zweiten Mal zu überwinden, das tote, an ihrem Handgelenk hängende Ding zu berühren.

Schreiend wandte sie sich an ihren Mann. »Jim – ich bin verletzt! Hilf mir, hilf mir!« Der Mann rührte sich nicht. »Jim, wach doch auf! Hilf mir!« jammerte sie vergeblich. Jim war sinnlos betrunken; er hörte nichts.

Die entsetzlichen Schmerzen liefen vom Handgelenk zur Schulter. Mit ihrer freien Hand schlug sie gegen des Mannes Gesicht. »Du betrunkener Narr, hilf mir! Nimm das Ding weg!« Der Mann lag bewußtlos unter ihrer hämmernden Faust.

An dem Pfad, der zum Pigeon-Creek führt, an der Stelle, wo der Kiefernwald in das Röhricht übergeht, wartete ein junger Mann – wartete und wartete, bis der östliche Himmel sich langsam erhellte. Dann ging er mit vorsichtigen Schritten auf das Blockhaus zu. Als er das Haus erblickte, verwandelte sich gerade das Grau der Dämmerung in die erste Morgenröte. Er verließ den Wald und kreuzte das Kornfeld.

An dem Blockhaus angekommen, drückte er sich dicht an die Außenwand und lauschte. Der schwere Atem eines Mannes erreichte sein Ohr. Vorsichtig schlich er vor zur Tür, die sich in der Mitte des Hauses befand. Durch das Atmen hindurch hörte er ein schnurrendes Geräusch; zwischen den tiefen, schweren Atemzügen und dem Schnurren war da noch ein Laut, ein rauhes rhythmisches Kratzen. In dieser Minute ging die Sonne auf.

Der junge Mann öffnete die Tür und schob seinen Kopf vorsichtig um die Ecke. Eine gelbe Katze saß am Ende der Matratze. Aus ihrer Kehle kam ein überaus befriedigtes Schnurren. Im Gleichmaß des mit dem Atmen an- und abschwellenden Schnurrens schlug das Tier seine ausgestreckten Krallen in den steifen Drell der Matratze und riß sie wieder heraus – hinein – heraus.

Daneben schnarchte der Mann.

Zwischen ihm und der Katze aber lag die Frau quer über der Matratze – regungslos – tot. Ihre gebrochenen glasigen Augen starrten in die höhnischen Augen der Katze. Eine Hand und ein Arm waren angeschwollen über jede menschliche Form hinaus. An dem dick aufgetriebenen Handgelenk hing der platte Kopf einer Klapperschlange, die ihre Giftzähne tief in das Fleisch gesenkt hatte.

Die wogenden Kornhalme peitschten das schreckensbleiche Gesicht des jungen Mannes, als er zwischen ihren Reihen zurückhastete.

Keine Katze, die etwas auf sich hält, möchte als Künstlermodell herhalten.

Anonym

Könnte man den Menschen mit der Katze kreuzen, würde man damit den Menschen verbessern, aber die Katze verschlechtern.

Mark Twain

Die kleinste Katze ist ein Meisterwerk.

Leonardo da Vinci

Aphorismen

Aus Katzensicht gehört von A bis Z alles den Katzen.

Anonym

Ein Hund, habe ich immer gesagt, ist Prosa. Eine Katze ist ein Gedicht.

Jean Burden

Das Dumme an Katzen ist, daß sie keinen Takt haben.

P. G. Wodehouse

Wer psychologische Romane verfassen und über Menschen schreiben will, hält sich am besten zwei Katzen.

Aldous Huxley

Im alten Ägypten wurden sie als Götter verehrt. Deshalb neigen sie leider dazu, sich zu Kritikern und Zensoren der schwachen, irrenden Menschenwesen aufzuschwingen, deren Los sie teilen.

P. G. Wodehouse

Es gibt keine gewöhnlichen Katzen.

Colette

Die Katze gibt vor zu schlafen, um desto klarer sehen zu können...

Chateaubriand

Alexander der Große, Napoleon und Hitler... hatten offenbar panische Angst vor Katzen... Wer die Welt erobern will, ist gut beraten, auch nicht einen Augenblick mit einem Tier zu verbringen, das sich um keinen Preis erobern lassen würde.

Desmond Morris

Zweierlei eignet sich als Zuflucht vor den Widrigkeiten des Lebens: Musik und Katzen.

Albert Schweitzer

Das Leben und dazu eine Katze, das gibt eine unglaubliche Summe.

Rainer Maria Rilke

Das einzig Rätselhafte an der Katze ist, warum sie sich je dazu entschieden hat, ein Haustier zu werden.

Compton Mackenzie

Ich liebe Katzen, weil ich mein Heim liebe und sie nach einer Weile dessen sichtbare Seele werden.

Jean Cocteau

Siehst du die junge Katze dort, die so possierlich nach ihrem Schwanz hascht? Könntest du mit ihren Augen sehen, würdest du um sie herum Hunderte von Gestalten erblicken, die verwickelte Tragödien und Komödien mit langen Gesprächen, vielen Mitwirkenden und zahlreichen überraschenden Schicksalswendungen aufführen.

Ralph Waldo Emerson

Kein zahmes Tier hat weniger von seiner angeborenen Würde verloren oder sich mehr von seiner althergebrachten Reserviertheit erhalten. Morgen schon kann die Hauskatze auf die Barrikaden gehen.

William Conway

Katzen sind offenbar grundsätzlich der Meinung, es könne nicht schaden, laut und deutlich zu sagen, was man haben will.

Joseph Wood Krutch

Was sind wir für Philosophen, wenn wir nichts von Ursprung und Bestimmung der Katzen wissen?

Henry David Thoreau

Manchmal sitzt sie dir zu Füßen und sieht dich so sanft und zärtlich an, daß die Tiefe ihres Blickes dich betroffen macht. Wer mag glauben, daß hinter diesen leuchtenden Augen keine Seele sei?

Théophile Gautier

Die Katze verhandelt nicht mit der Maus.

Robert K. Massie

In dieser Zeit der Spannungen kann der Mensch sich entspannen lernen, indem er die Katze beobachtet, die sich, wenn es Zeit zum Ausruhen ist, nicht einfach hinlegt, sondern den ganzen Körper zu Boden fließen läßt und sich mit jedem Nerv, mit jedem Muskel der Ruhe hingibt.

Murray Robinson

Ich stelle es mir großartig vor, Katze zu sein. Du kommst und gehst, wie es dir paßt, wirst gefüttert und gestreichelt. Niemand erwartet viel von dir. Du kannst mit den Menschen spielen, und wenn du genug hast, gehst du einfach weg. Du kannst dir deinen Umgang aussuchen. Mehr kann man nicht verlangen.

Patricia McPherson

Reinlichkeit, Gefühl, Langmut, Würde und Tapferkeit zeichnen die Katze aus. Wer von uns, frage ich Sie, könnte unter diesen Bedingungen Katze werden?

Fernand Mery

Warum das Leben, das uns allen schließlich nur einmal geschenkt wird, nicht mit einer Katze verbringen?

Robert Stearns

Der Schwanz muß natürlich nach vorn geholt werden, bis er die Vorderpfoten berührt. Nur eine unerfahrene Katze würde ihn baumeln lassen.

Lloyd Alexander

Eine schlafende Katze ist stets hellwach.

Fred Schwab

Man kann, wenn man sich bemüht, möglicherweise in einen sehr kleinen Teil der Katzenwelt vordringen. Die Welt einer jungen Katze aber ist so gut wie unzugänglich, und man muß sich meist mit der Rolle des Zuschauers begnügen. Sofern man nicht mit völliger Humorlosigkeit geschlagen ist, dürfte man dabei durchaus auf seine Kosten kommen.

Philip Brown

Mein kleiner Enkel ist ein Schatz, aber er könnte mir nie meine Katzen ersetzen.

Unbekannte amerikanische Großmutter

Brüder Grimm

Der gestiefelte Kater

Ein Müller hatte drei Söhne, seine Mühle, einen Esel und einen Kater; die Söhne mußten mahlen, der Esel Getreide holen und Mehl forttragen und die Katz die Mäuse wegfangen. Als der Müller starb, teilten sich die drei Söhne in die Erbschaft: der älteste bekam die Mühle, der zweite den Esel, der dritte den Kater, weiter blieb nichts für ihn übrig. Darüber ward er traurig und sprach zu sich selbst: »Ich hab es doch am allerschlimmsten kriegt; mein ältester Bruder kann mahlen, mein zweiter kann auf seinem Esel reiten, was kann ich mit dem Kater anfangen? Laß ich mir ein paar Pelzhandschuhe aus seinem Fell machen, so ist's vorbei.« – »Hör«, fing der Kater an, der alles verstanden hatte, was er gesagt, »du brauchst mich nicht zu töten, um ein paar schlechte Handschuh aus meinem Pelz zu kriegen. Laß mir nur ein Paar Stiefel machen, daß ich ausgehen kann und mich unter den Leuten sehen lassen, dann soll dir bald geholfen sein.« – »Was? Ein Paar ordentliche Stiefel willst du wie andere Leute auch?« – »Das sollt ich meinen«, sprach der Kater. Der Müllerssohn verwunderte sich, daß der Kater so sprach; weil aber eben der Schuster vorbeiging, rief er ihn herein und ließ ihm ein Paar Stiefel anmessen. Als sie fertig waren, zog sie der Kater an, nahm einen Sack, machte den Boden desselben voll Korn, oben aber eine Schnur daran, womit man ihn zuziehen konnte, dann warf er ihn über den Rücken und ging auf zwei Beinen wie ein Mensch zur Tür, klinkte sie auf und mir nichts, dir nichts durch die Gassen zum Tor hinaus.

Dazumal regierte ein König in dem Land, der aß die Rebhühner so gern; es war aber eine Not, daß keine zu kriegen waren. Der ganze Wald war voll, aber sie waren so scheu, daß kein Jäger sie erreichen konnte. Das wußte der Kater und gedacht seine Sache besser zu machen; als er in den Wald kam, tat er den Sack auf, breitete das Korn auseinander, die Schnur aber legte er ins Gras und leitete sie hinter eine Hecke. Da versteckte er sich selber, schlich auf und ab, schaute und lauerte. Die Rebhühner kamen bald gelaufen, fanden das Korn, und eins nach dem anderen hüpfte in den Sack hinein. Der Kater fing an zu spinnen vor Vergnügen, daß alles so wohl ging; doch hielt er sich, bis eine gute Anzahl darin war; da zog er den Strick zu, lief heran und drehte ihnen den Hals um; dann warf er den Sack auf den Rücken, war guter Dinge und ging geradewegs nach des Königs Schloß. Die Wache rief: »Halt! Wohin?« – »Zu dem König«, antwortete der Kater kurzweg. »Bist du toll? Ein Kater zum König?« – »Laß ihn nur gehen«, sagte ein anderer, »der König hat doch oft lange Weil; vielleicht macht ihm der Kater mit seinem Brummen und Spinnen Vergnügen.« Der Kater zog den Schwanz auf den Rücken und trat ein. Als er vor den König kam, machte er eine Reverenz und sagte: »Mein Herr, der Graf (dabei nannte er einen langen und vornehmen Namen) läßt sich dem Herrn König empfehlen und schickt ihm hier Rebhühner, die er eben in Schlingen gefangen hat.« – »Daß dich«, sagte der König erstaunt, als er die schönen Rebhühner sah, blies daran und fühlte, ob sie auch recht fett wären, wußte sich vor Freude nicht zu fassen und befahl, dem Kater soviel Gold aus der Schatzkammer in den Sack zu tun, als er tragen könne: »Das bring deinem Herrn und dank ihm noch vielmal für sein Geschenk!«

Der arme Müllerssohn aber saß zu Hause am Fenster, stützte den Kopf auf die Hand und dachte, daß er nun sein Letztes für die Stiefel des Katers weggegeben, und was werde ihm der Großes dafür bringen können. Da trat der Kater herein, warf den Sack vom Rücken, schnürte ihn auf und schüttete das Gold vor den Müller hin: »Da hast du etwas für die Stiefel; der König läßt dich auch grüßen und dir viel Dank sagen.« Der Müller war froh über den Reichtum, ohne daß er noch recht begreifen konnte, wie es zugegangen war. Der Kater aber, während er seine Stiefel auszog, erzählte ihm alles; dann sagte er: »Du hast zwar jetzt Geld genug, aber dabei soll es nicht bleiben. Morgen zieh ich meine Stiefel wieder an und geh aus; du sollst noch reicher werden. Dem König hab ich auch gesagt, daß du ein Graf bist.«

Am andern Tag ging der Kater, wie er gesagt hatte, wohl gestiefelt wieder auf die Jagd und brachte dem König einen reichen Fang. So ging es alle Tage, und der Kater brachte alle Tage Gold heim und ward so beliebt wie einer bei dem König, daß er aus- und eingehen durfte und im Schloß herumstreichen, wo er wollte.

Einmal stand der Kater in der Küche des Königs beim Herd und wärmte sich, da kam der Kutscher und fluchte: »Ich wünsch, der König mit der Prinzessin wär beim Henker. Die plagt wieder die Langeweile. Ich wollte ins Wirtshaus gehen und einmal trinken und Karte spielen, da soll ich sie spazierenfahren an den See.«

Wie der Kater das hörte, schlich er nach Hause und sagte zu seinem Herrn: »Wenn du willst ein Graf und reich werden, so komm mit mir hinaus an den See und bad dich darin!« Der Müller wußte nicht, was er dazu sagen sollte, doch folgte er dem Kater, ging mit ihm, zog sich splitternackt aus und sprang ins Wasser. Der Kater aber nahm seine Kleider, trug sie fort und versteckte sie. Kaum war er damit fertig, da kam der König dahergefahren. Der Kater fing sogleich an erbärmlich zu lamentieren: »Ach allergnädigster König, mein Herr, der hat sich hier im See gebadet, da ist ein Dieb gekommen und hat ihm die Kleider gestohlen, die am Ufer lagen. Nun ist der Herr Graf im Wasser und kann nicht heraus, und wenn er länger darin bleibt, wird er sich erkälten und sterben.« Wie der König das hörte, ließ er haltmachen, und einer von seinen Leuten mußte zurückjagen und von des Königs Kleidern holen. Der Herr Graf zog die prächtigsten Kleider an, und weil ihm ohnehin der König wegen der Rebhühner die er meinte von ihm empfangen zu haben, gewogen war, so mußte er sich zu ihm in die Kutsche setzen. Die Prinzessin war auch nicht bös darüber; denn der Graf war jung und schön, und er gefiel ihr recht gut.

Der Kater aber war vorausgegangen und zu einer großen Wiese gekommen, wo über hundert Leute waren und Heu machten. »Wem ist die Wiese, ihr Leute?« fragte der Kater. – »Dem großen Zauberer.« – »Hört, jetzt wird der König bald vorbeifahren. Wenn der fragt, wem die Wiese gehört, so antwortet: Dem Grafen! Und wenn ihr das nicht tut, so werdet ihr alle totgeschlagen.« – Darauf ging der Kater weiter und kam an ein Kornfeld so groß, daß es niemand übersehen konnte; da standen mehr als zweihundert Leute und schnitten das Korn. »Wem ist das Korn, ihr Leute?« – »Dem Zauberer.« – »Hört, jetzt wird der König vorbeifahren. Wenn der fragt, wem das Korn gehöre, so antwortet: Dem Grafen! Und wenn ihr das nicht tut, so werdet ihr alle totgeschlagen.« – Endlich kam der Kater an einen prächtigen Wald, da standen mehr als dreihundert Leute, fällten die großen Eichen und machten Holz. – »Wem ist der Wald, ihr Leute?« – »Dem Zauberer.« – »Hört, jetzt wird der König vorbeifahren. Wenn er fragt, wem der Wald gehört, so antwortet: Dem Grafen. Und wenn ihr das nicht tut, so werdet ihr alle umgebracht.« Der Kater ging noch weiter, die Leute sahen ihm alle nach, und weil er so wunderlich aussah und wie ein Mensch in Stiefeln daherging, fürchteten sie sich vor ihm.

Er kam bald an des Zauberers Schloß, trat kecklich hinein und vor ihn hin. Der Zauberer sah ihn verächtlich an und fragte ihn, was er wolle. Der Kater machte eine Reverenz und sagte: »Ich habe gehört, daß du in jedes Tier nach deinem Gefallen dich verwandeln könntest. Was einen Hund, Fuchs oder auch Wolf betrifft, da will ich es wohl glauben, aber von einem Elefant, das scheint mir ganz unmöglich; und deshalb bin ich gekommen, um mich selbst zu überzeugen.« Der Zauberer sagte stolz: »Das ist mir eine Kleinigkeit«, und in dem Augenblick verwandelte er sich in einen Elefanten. »Das ist viel; aber auch in einen Löwen?« – »Das ist auch nichts«, sagte der Zauberer und stand als ein Löwe vor dem Kater. Der Kater stellte sich erschrocken, kroch in eine Ecke und rief: »Das ist unglaublich und unerhört, dergleichen hätt ich mir nicht im Traume in die Gedanken kommen lassen. Aber noch mehr als alles andere wär es, wenn du dich auch in ein so kleines Tier, wie eine Maus ist, verwandeln könntest. Du bist gewiß geschickter als irgendein Zauberer auf der Welt, aber das wird dir doch zu hoch sein.« Der Zauberer ward ganz freundlich von den süßen Worten und sagte: »O ja, liebes Kätzchen, das kann ich auch«, und sprang als eine Maus im Zimmer herum. Der Kater war hinter ihm her, fing die Maus mit einem Sprung und fraß sie auf.

Der König aber war mit dem Grafen und der Prinzessin weiter spazierengefahren und kam zu der großen Wiese. »Wem gehört das Heu?« fragte der König. – »Dem Herrn Grafen«, riefen alle, wie der Kater ihnen befohlen hatte. – »Ihr habt da ein schön Stück Land, Herr Graf«, sagte er. Danach kamen sie an das große Kornfeld. »Wem gehört das Korn, ihr Leute?« – »Dem Herrn Grafen.« – »Ei, Herr Graf, große, schöne Ländereien.« – Darauf zu dem Wald. »Wem gehört das Holz, ihr Leute?« – »Dem Herrn Grafen.« – Der König verwunderte sich noch mehr und sagte: »Ihr müßt ein reicher Mann sein, Herr Graf, ich glaube nicht, daß ich einen so prächtigen Wald in meinem ganzen Reiche habe.«

Endlich kamen sie an das Schloß. Der Kater stand oben an der Treppe, und als der Wagen unten hielt, sprang er herab, machte die Türe auf und sagte: »Herr König, Ihr gelangt hier in das Schloß meines Herrn, des Grafen, den diese Ehre für sein Lebtag glücklich machen wird.« Der König stieg aus und verwunderte sich über das prächtige Gebäude, das fast größer und schöner war als sein Schloß. Der Graf aber führte die Prinzessin die Treppe hinauf in den Saal, der ganz von Gold und Edelsteinen flimmerte.

Da ward die Prinzessin mit dem Grafen versprochen; und als der König starb, ward er König, der gestiefelte Kater aber Erster Minister.

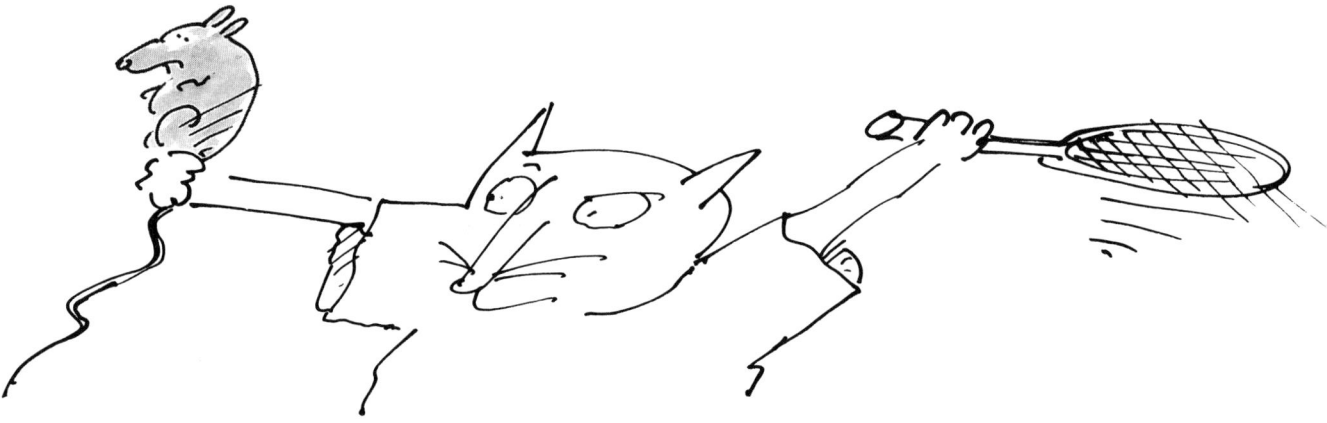

Charles G. D. Roberts

Die Katze,
die Robinson spielen mußte

Eigentlich war die Insel nur eine Sandbank vor der langen flachen Küste. Kein Baum, kein Strauch erhob sich über ihre ebene Fläche; nur die langen harten Schäfte der Strandgräser befestigten die Erde überall gegen die Flut, und aus einer Quelle im Mittelpunkt rieselte süßes Wasser in einem Bach, an dessen Saum ein Band von Festlandkräutern und zarterem Grün sich gegen das herbe, düstere Gelbgrau des Strandgrases abzeichnete. Wenige hätten sich die Insel als Wohnort ausgesucht; dennoch stand gegen das offene Meer, wo die wechselnden Gezeiten niemals Ruhe gaben, ein geräumiges einstöckiges Haus mit breiten Veranden und einem niedrigen Schuppen dahinter. Der Vorzug dieses einsamen Sandfleckens war seine Kühle. Wenn das nahe Festland Tag und Nacht unter erstickender Hitze brütete, wehte hier draußen auf der Insel immer ein kühler Wind. Deshalb hatte ein kluger Mann aus der Stadt das verlorene Eiland gekauft und hier sein Sommerhaus gebaut, damit die herbe kraftspendende Seeluft die blassen Wangen seiner Kinder wieder röten möchte.

Gegen Ende Juni kam die Familie auf die Insel. In der ersten Septemberwoche zog sie wieder fort, nachdem man Türen und Fenster in Haus und Schuppen sorgsam gegen die kommenden Winterstürme verschlossen und verriegelt hatte. Zwei Fischer ruderten sie in einem geräumigen Boot durch die halbe Meile Brandung zum Festland. Den älteren Familienmitgliedern war es nicht leid, in die Welt der Menschen zurückzukehren, nachdem sie zwei Monate hindurch nur Wind, Sonne, Wellen und wogendes Gras gesehen hatten. Aber die Kinder schieden mit tränenüberströmten Gesichtern. Sie ließen ihren liebsten Spielkameraden, die Gefährtin ihres Herumstrolchens zurück, eine hübsche, getigerte Katze mit mondrundem Gesicht. Zwei Tage vor der Abfahrt war sie auf geheimnisvolle Weise spurlos verschwunden, wie vom Erdboden verschluckt. Als einzige vernünftige Erklärung blieb, daß ein Seeadler sie geschlagen haben könnte. In Wirklichkeit war die Katze am andern Ende der Insel gefangen: sie war unter ein zerbrochenes Faß geraten und mit einem Zentnergewicht Flugsand zugedeckt.

Das alte Faß, dessen Dauben auf der einen Seite herausgefallen waren, hatte halb begraben auf der Höhe einer durch den steten Wind zusammengewehten Düne gestanden. Leewärts fand die Katze eine geschützte Höhle, den ganzen Tag von der Sonne beschienen – herrlich, sich dort einrollen und schlafen zu können! Mittlerweile aber war der Sand immer höher gegen die gebrechliche Holzwand getrieben und endlich so hoch, daß das Faß bei einem jähen Windstoß unter dem Gewicht nachgab und umkippte, wobei es die schlafende Katze im Dunkel begrub. Doch bildete die feste Hälfte des Fasses ein sicheres Dach über dem Gefängnis, und das Tier wurde weder gequetscht noch erstickt. Die Kinder aber, bei ihrem angstvollen Absuchen der ganzen Insel, liefen an dem Sandhügel nach flüchtigem Hinschauen achtlos vorüber. Das leise Miauen, das in Pausen aus dem dunklen Hohlraum kam, konnten sie nicht hören; so gingen sie traurig davon, ahnungslos, daß ihre kleine Freundin fast unter ihren Füßen gefangen saß.

Drei Tage lang dauerte ihre Not. Am dritten sprang der Wind um und wuchs zum Sturm. Nach ein paar Stunden war das Faß freigeweht. In dem einen Winkel zeigte sich ein Lichtstreifen.

Eifrig steckte die Katze ihre Pfoten durch die Öffnung. Als sie sie zurückzog, war das Loch größer geworden. Sie folgte dem Wink und begann zu scharren. Anfangs strengte sie sich vergeblich an; dann aber, ob sie nun Glück hatte oder rasch lernte, arbeitete sie mit besserer Wirkung. Die Öffnung wurde schnell größer, und am Ende konnte sie sich hinauswinden.

Der Wind tobte wie toll über die Insel und brachte Wolken fliegenden Sandes. Donnernd rollten die Wellen über die Küste. Die Gräser lagen flach in zitternden Bögen. Aus tiefem, wolkenlosem Blau starrte die Sonne in den Aufruhr hinunter. Von der Gewalt des Sturms gefaßt, konnte sich die Katze kaum auf den Füßen halten. Sobald sie frei zu atmen vermochte, kroch sie schutzsuchend zwischen die Gräser. Aber sie halfen ihr nur wenig, weil die langen Halme fast waagerecht hinabgedrückt wurden. Doch kroch sie zwischen ihnen hin, den Wind hinter sich, in Richtung zum Hause auf der andern Ecke der Insel, wo sie, wie sie vertrauend hoffte, nicht nur Nahrung und Schutz, sondern auch die liebevolle Pflege finden würde, die sie die ausgestandene Angst vergessen machen sollte.

In der grellen Sonne und dem jagenden Wind lag das Haus so still und verlassen, daß es sie erschreckte. Sie begriff nicht, daß die Läden herabgelassen waren und die fest verschlossenen Türen blind schienen gegen ihr ängstliches Bitten. Wild fegte der Wind über die leere Veranda. Mühsam kletterte sie auf das Fensterbrett des Eßzimmers, wo man sie so oft eingelassen hatte, klammerte sich für ein paar Minuten an und miaute herzbrechend. Dann sprang sie jäh erschrocken hinunter und rannte zum Schuppen. Der war auch verschlossen. Nie hatte sie die Türen verschlossen gesehen, sie konnte es gar nicht fassen. Vorsichtig versuchte sie, von unten hineinzukommen – aber alles war solid gebaut, nirgends fand sie einen Einschlupf. Auf allen Seiten zeigte ihr das alte vertraute Haus ein leeres, unzugängliches Gesicht.

Stets war die Katze von den Kindern so gehätschelt und verwöhnt worden, daß sie niemals nötig gehabt hatte, sich ihr Futter zu suchen; aber glücklicherweise hatte sie gelernt, zum Vergnügen Feldmäuse und Sperlinge zu jagen. Und jetzt nun, ausgehungert, wie sie war nach ihrem langen Fasten unter dem Sande, schlich sie traurig fort von dem verlassenen Haus und kroch im Schutz einer Sandwehe zu einer kleinen grasbewachsenen Vertiefung, die sie kannte. Hier faßte der Wind nur die Spitzen der Gräser; und hier, wo es warm und einigermaßen ruhig war, trieb das pelzige Völkchen der Mäuse und kleinen Nager ungestört sein Wesen.

Rasch und unbemerkt heranschleichend, griff sich die Katze eine Maus, stillte ihren Hunger und fing dann noch einige. Darauf trabte sie zum Haus zurück und brachte herzensbange Stunden damit zu, es zu umkreisen; sie schnupperte und spähte und miaute erbärmlich vor der Schwelle und vom Fenstersims aus. Dazwischen wurde sie vom Sturm immer wieder über den nackten, leeren Verandafußboden geschoben. Entmutigt und hoffnungslos rollte sie sich endlich unter dem Fenster des Kinderzimmers zusammen und schlief ein.

Trotz Einsamkeit und Kummer war das Leben der auf der Insel Gefangenen während der nächsten zwei bis drei Wochen nicht entbehrungsvoll. Vögel und Mäuse ernährten sie reichlich; auch lernte sie, an der Mündung des Baches kleine Fische zu fangen. Das war ein aufregender Sport, und sie konnte bald mit einem Schwung ihrer krallenbewehrten Pfote den grauen Dorsch und den blausilbrigen Sandaal weit oben in der Strömung greifen. Aber als die Herbststürme mit wütendem Regen aus tiefhängenden schwarzen Wolken über die Insel brausten, wurde alles mühseliger für sie. Das Kleingetier ging in Deckung, war schwer zu finden. Erschöpfend war's, durch das nasse, peitschende Gras zu laufen. Überdies haßte sie Nässe. Meistens war sie hungrig, saß trübselig und verlassen auf der geschützten Seite des Hauses und schaute mit bitterer Trauer in den Aufruhr der anprallenden Wogen.

Fast zehn Tage lang währte es, bis der Sturm sich ausgerast hatte. Am achten Tag trieb das Wrack eines kleinen Schoners auf den Strand; es sah einem Schiff nicht mehr ähnlich. Aber was von dem Rumpf übrig war, barg noch eine Art Passagiere: Eine Horde Ratten durchschwamm die Brandung und suchte Schutz zwischen den Graswurzeln. Sie machten sich rasch heimisch, wühlten Gänge und gruben sich Höhlen unterhalb verschütteter Holzstücke und jagten den Mäusevölkern panischen Schrecken ein.

Als der Sturm abgezogen war, erwartete die Katze, die zum erstenmal wieder weiter hinaus auf die Jagd ging, eine außergewöhnliche Überraschung. Etwas Schweres raschelte im Gras; sie nahm die Fährte auf und dachte, eine fette Feldmaus zu fangen. Aber im Ansprung stieß sie auf einen alten Schiffsrattenriesen, einen viel gereisten, erprobten Kämpfer, und wurde übel gebissen. So etwas war ihr noch nie widerfahren. Zuerst fühlte sie sich ganz elend und war drauf und dran, aufzugeben und fortzulaufen. Dann aber wachte ihre schlummernde Kampflust und das Feuer zeitferner Voreltern in ihr auf. Sie stürzte sich in den Kampf mit einer Wut, die sie die empfangenen Bisse vergessen ließ, und das Duell war bald vorüber. In der reinen, stärkenden Luft heilten ihre säuberlich geleckten Wunden bald. Und da sie nun mit solchem Großwild umzugehen gelernt hatte, wurde sie nicht wieder gebissen.

Mit dem ersten Vollmond ihrer Einsamkeit – es war die erste Oktoberwoche – kam Windstille mit scharfen Nachtfrösten über das Eiland. Da entdeckte die Katze, wie anregend es war, nachts zu jagen und am Tage zu schlafen. Unter dem seltsamen weißen Mondlicht fand sie, daß all ihr Wild draußen war, außer den Vögeln, die beim einbrechenden Sturm auf das Festland geflüchtet waren, wo sie sich zum Flug nach Süden sammelten. Überall im verblichenen Grase erlauschte sie nun ein Rascheln, sah überall kleine Schatten, die mit dünnem Quieken über den geisterhaft weißen Sand huschten. Auch machte sie die Bekanntschaft eines neuen Vogels, beobachtete ihn zuerst mit Unbehagen, dann mit rachsüchtiger Wut. Es war die braune Sumpfeule, die vom Festland herübergeflogen kam, um herbstliche Mäusejagd zu halten. Zwei Paare dieser großen rundäugigen Jäger segelten auf flaumigen Flügeln herüber, ohne zu wissen, daß eine Katze auf der Insel war.

Die Katze belauerte die eine, die lautlos zwischen den silbrigen Grasspitzen auf und nieder flog, und kroch mit zurückgelegten Ohren heran. Mit seiner weiten Flügelspanne schien der Vogel größer als sie, und das große runde Gesicht mit dem gekrümmten Schnabel und den wilden starren Augen ließ ihn als einen furchtbaren Gegner erscheinen. Feig war die Katze jedoch nicht; und so machte sie sich daran, ihre Jagd, ob auch mit einiger Vorsicht, fortzusetzen. Plötzlich sah die Eule sich etwas im Gras bewegen, wohl den Katzenkopf oder die Ohren, und stieß hinab. Doch im gleichen Augenblick sprang die Katze hoch, um dem Angriff zu begegnen, wobei sie spuckte und knurrte und mit vorgestreckten Krallen zuhieb. Mit machtvollem Flügelschlag warf sich die Eule zurück und hob sich in die Luft; sie war eben noch den wütend zupackenden Krallen entgangen. Hiernach machten die großen Vögel einen Bogen um das schwarzgestreifte Tier, das so pfeilgeschwind sprang und mit seinen scharfen Krallen eine Verwandte des wilden Vagabunden, des Luchses, zu sein schien.

Aller Jägerei zum Trotz quoll das Strandgras von so unerschöpflichem Pelztier-Gekrabbel über, daß die Raubzüge der Katze, der Ratten und Eulen nur flüchtige Spuren hinterließen. Und so gingen Jagd und fröhliches Treiben weiter unter dem gleichmütig zuschauenden Mond.

Aber mit dem Vorrücken des Winters, mit Einbrüchen bitterer Kälte und den die Richtung wechselnden Winden, die die Katze zwangen, sich immer wieder eine andere Zuflucht zu suchen, wurde sie immer unglücklicher. Bitterlich fühlte sie ihre Heimatlosigkeit. Auf dem ganzen Eiland konnte sie kein Plätzchen finden, wo sie vor Wind und Regen geschützt war. Das alte Faß, die Ursache ihres Unglücks, nutzte ihr nichts mehr. Längst hatten die Winde es völlig umgestürzt; es lag offen gegen den Himmel, bis der Triebsand es aufs neue begrub. Auch hätte sich die Katze gefürchtet, wieder hineinzukriechen. So kam es, daß von allen Inselbewohnern sie allein keinen Unterschlupf hatte, als nun der Hochwinter einbrach, Schnee die Gräser zudeckte und scharfer Frost den Küstenrand mit knackenden Eisstücken besäte. Die Ratten hatten ihre Löcher unter den verwehten Wracktrümmern, Wühl- und Feldmäuse ihre tiefen warmen Gänge, die Eulen Nester in hohlen Bäumen weit drüben in den Wäldern des Festlandes. Nur die Katze konnte nichts tun, als sich frierend und verschreckt gegen die blinden Mauern des unbarmherzigen Hauses kauern, bis der stiebende Schnee sich vor ihr aufhäufte.

Auch sah sie sich jetzt zu allem Elend ohne Futter. Die Mäuse fanden in ihren Gängen zwischen den nahrhaften Graswurzeln sichere Verstecke. Auch die Ratten blieben unsichtbar; sie wühlten sich durch den weichen Schnee in der Hoffnung, auf einen Mäusetunnel zu stoßen oder hier und da einen leichtsinnigen Spaziergänger zu erwischen. Der Eisrand, den die brandenden Wellen zerbrachen, machte den Fischfang unmöglich. So hungrig war sie, daß sie sogar eine der schrecklichen Eulen zu fangen versucht hätte, aber die kamen nicht mehr zur Insel. Zwar würden sie gewiß wiederkommen, später im Jahr, wenn der Schnee hartgefroren war und die Mäuse hervorschlüpften, um draußen zu spielen; doch für jetzt fanden sie in den tiefen Wäldern drüben bequemere Jagd.

Als es mit Schneien aufhörte und die Sonne wieder hervorkam, fiel so strenge Kälte ein, wie die Katze sie noch nie erlebt hatte. Zufällig war Weihnachten; hätte sie eine Ahnung vom Kalender gehabt, so würde sie noch in ihrer Erinnerung den Tag als bedeutsam für sich angemerkt haben. Der Hunger ließ sie nicht schlafen, so schlich sie ruhelos umher. Das war ihr Glück, denn wenn sie ohne weiteren Schutz an der Hausmauer eingeschlafen wäre, hätte es kein Erwachen mehr gegeben. In ihrer Ruhelosigkeit wanderte sie nach der andern Seite der Insel und fand dort in einer sonnigen, geschützten Vertiefung am Strand gegenüber dem Festland ein Fleckchen Sand, frei von Eisbrocken und eben von der rücklaufenden Flut freigegeben. Auf diese Nische öffneten sich die Löchlein mehrerer Mäusegänge.

Neben einem dieser Löcher kauerte sich die Katze hin, zitternd vor Aufregung. Mehr als zehn Minuten wartete sie, ohne daß sich auch nur ein Härchen ihres Schnurrbarts bewegte. Endlich steckte eine Maus den kleinen spitzen Kopf heraus. Um ihr nicht Zeit zur Überlegung oder zur Beunruhigung zu lassen, schlug die Katze zu. Die Maus, das Verhängnis dicht vor sich, schlüpfte rückwärts wieder in den engen Gang. Ohne Besinnen grub sich die Katze mit Kopf und Schultern in den Schnee, blindlings die verschwundene Beute suchend. Überglücklich war sie, daß sie sie fing.

Es war ihre erste Mahlzeit nach vier bitteren Tagen. Immer hatten die Kinder versucht, sie am Weihnachtsfest und seinem Jubel teilnehmen zu lassen, und hatten sie mit köstlicher Sahne gefüttert. Aber kein Weihnachtsmahl hatte je so gemundet wie dieses erjagte.

Nun hatte sie wieder etwas gelernt. Da sie von Natur klug und ihr Instinkt durch die bittere Not geschärft war, hatte sie begriffen, daß es möglich war, die Beute ein Stück in den Schnee hinein zu verfolgen. Bisher hatte sie nicht gewußt, daß Schnee so weich war. Die Öffnung zu diesem einen Gang hatte sie ganz zugeworfen. So belauerte sie ein anderes Loch, mußte jedoch lange warten, bis eine waghalsige Maus herausguckte. Aber nun hatte die Katze ihre Lektion gelernt. Genau seitlich vom Loch, wo sie instinktmäßig den Körper der Maus vermutete, zielte sie ihren Hieb und vereitelte so den Rückzug des Opfers. Die Taktik war ein voller Erfolg; als sie den Kopf in die weiße Flockendecke steckte, spürte sie die Beute zwischen den Pfoten.

Nachdem ihr Hunger einigermaßen gestillt war, fühlte sie sich über alle Maßen erregt, ob dieser neuen Art zu jagen. Oft hatte sie Mauselöcher belauert, aber sie hatte es nie für möglich gehalten, in die Gänge selbst einzudringen. Es war ein packender Gedanke. Als sie sich gerade vor ein neues Loch setzen wollte, lief eine Maus geschwind über den Sand und schlüpfte hinein. Sie war verschwunden, ehe die Katze sie packen konnte, und diese machte sich nun an die Verfolgung. Ungeschickt, doch mit Eifer scharrend, gelang es ihr, mit ihrer ganzen Körperlänge in den Schnee zu tauchen. Vom Flüchtling fand sie keine Spur; denn der war in einen Quertunnel abgebogen. Augen, Maul und Schnurrbart der Katze waren weiß beflockt, und sie kroch sehr enttäuscht wieder zurück. Aber zugleich merkte sie, daß es drinnen unter dem Schnee viel wärmer gewesen war als in der schneidenden Luft. Das war eine zweite, eine lebenswichtige Lektion; und wenn es ihr auch nicht bewußt wurde, sie gelernt zu haben, wandte sie sie nach einer kleinen Weile praktisch an.

Nachdem es ihr gelungen war, noch eine Maus zu fangen, trug sie die Beute, da sie nun nicht mehr so hungrig war, zum Haus zurück und legte sie als Tribut auf die Verandastufen, miaute und schaute hoffnungsvoll auf die verlassene, beschneite Tür. Als keine Antwort kam, trug sie die Maus nach der Höhlung hinter der Schneewehe, die durch die vorspringende Front des Erkerfensters am andern Ende des Hauses entstanden war. Hier rollte sie sich ein, um ein wenig zu schlafen.

Aber die stille Kälte war zu durchdringend. Sie sah auf den abfallenden Schneewall neben sich und steckte vorsichtig die Pfote hinein. Weich und leicht war der Schnee, er bot keinen

Widerstand. Sie scharrte ungeschickt weiter, bis sie eine Art kleine Höhle gegraben hatte. Vorsichtig wand sie sich hinein und schob ringsum den Schnee zurück, bis sie Platz hatte, sich umzudrehen.

Das tat sie wiederholt, wie Hunde sich ihr Lager richten, so wie sie es gern haben. Sie drückte nicht nur den Schnee unter sich glatt, sie baute sich auch eine behagliche Kammer mit schmalem Zugang. Aus diesem Schneeasyl guckte sie mit stolzer Besitzermiene hinaus und kuschelte sich zum Schlafen mit einem Gefühl des Behagens, des Zuhauseseins, wie sie's nie gefühlt hatte, seit ihre Freunde verschwunden waren.

Nun hatte sie das Unglück besiegt und sich vom grausamen Winter unabhängig gemacht; und ob ihr Leben auch mühselig blieb, so hörte die furchtbare Not doch auf. Wenn sie vor den Mauselöchern geduldig wartete, hatte sie genug zu fressen, und in ihrem Schneebunker schlief sie warm und sicher. Nach einer Zeit, als der Schnee überfroren war, kamen die Mäuse nachts hervor und tanzten auf der weißen Fläche. Auch die Eulen kamen wieder. Die Katze hatte sich eine fangen wollen, war aber arg gehackt und mit den Krallen bearbeitet worden, bis sie den großen Vogel losließ. Nach dieser Erfahrung sah sie ein, daß man Eulen besser in Ruhe ließ. Trotz alledem fand sie es schön, über die öden Schneeweiten zu jagen.

So ging ihr, die nun Herrin der Lage geworden, der Winter ohne weitere schwere Prüfungen dahin. Einmal nur, gegen Ende Januar, bescherte ihr das Schicksal noch eine schlimme Viertelstunde. Nach einem Wetterumschlag mit Einbruch besonders grimmiger Kälte kam eines Nachts aus arktischen Einöden eine riesige weiße Eule auf die Insel. Aus dem Verandawinkel hinausspähend, sah die Katze sie heranfliegen. Ein Blick genügte, um sie zu überzeugen, daß dieser Besuch wesentlich anderer Art war als die braunen Sumpfeulen. Unauffällig kroch sie in ihren Bunker und blieb während der nächsten vierundzwanzig Stunden unsichtbar, bis die große Schnee-Eule wieder fort war.

Dann kam der Frühling über die Insel, und nun, beim nächtlichen Froschkonzert in den schilfüberwachsenen, flachen Wasserlachen und Grasbüschen voll brütender Vögel, wurde das Leben der Gefangenen beinahe üppig von Überfluß. Doch war sie nun wieder ohne Heim, denn ihr Bunker war mit dem Schnee zerflossen. Aber das machte ihr nicht viel aus, denn das Wetter wurde von Tag zu Tag ruhiger und wärmer; auch hatte sie selber, in ihre natürlichen Anlagen zurückgezwungen, gelernt, zufrieden wie ein Vagabund zu sein. Aber bei aller Anpassungsfähigkeit hatte sie nichts vergessen. Und als eines Tages im Juni ein vollbeladenes Boot vom Festland herüberkam und fröhliche Kinderstimmen über das Gras schallend das trostlose Schweigen der Insel durchbrachen, wurde die Katze sogleich munter und sprang von ihrem Schlafplatz auf die Verandastufen.

Einen Augenblick stand sie, gespannt lauschend. Dann aber tat sie, wozu ihr hochmütiges Geschlecht sich selten herabläßt und was vielmehr Art der Hunde ist: sie rannte zum Landungssteg . . .

Vier glückliche Kinder schlossen sie sogleich in die Arme und verhuschelten ihr schönes Fell derart, daß sie eine ganze Stunde sorgsam Toilette machen mußte, um sich wieder herzurichten.

Magnus Gottfried Lichtwer
Die Katzen und der Hausherr

Tier und Menschen schliefen feste,
Selbst der Hausprophete schwieg,
Als ein Schwarm geschwänzter Gäste
Von den nächsten Dächern stieg.

In dem Vorsaal eines Reichen
Stimmten sie ihr Liedchen an,
So ein Lied, das Stein' erweichen,
Menschen rasend machen kann.

Hinz, des Murners Schwiegervater,
Schlug den Takt erbärmlich schön,
Und zwei abgelebte Kater
Quälten sich, ihm beizustehn.

Endlich tanzten alle Katzen,
Poltern, lärmen, daß es kracht,
Zischen, heulen, sprudeln, kratzen,
Bis der Herr im Haus erwacht.

Dieser springt mit einem Prügel
In dem finstern Saal herum,
Schlägt um sich, zerstößt den Spiegel,
Wirft ein Dutzend Schalen um,

Stolpert über ein'ge Späne,
Stürzt im Fallen auf die Uhr,
Und zerbricht zwei Reihen Zähne:
Blinder Eifer schadet nur.

Jean de La Fontaine
Die alte Katze und die junge Maus

Ein junges Mäuschen, fast ein Kind noch, wollt es wagen,
'nes alten Katers Herz zu rühren durch ihr Klagen
Und Flehn, und bat also den alten Mäusegraus:
      »Laß mich am Leben! Ist 'ne Maus
      Von meiner Größ und meinem Magen
      Denn eine Last für solch ein Haus?
      Meinst du vielleicht, ich hungre aus
      Den Wirt samt Wirtin und Gesinde?
      Ein Körnchen Weizen ist mein Schmaus,
      Fett macht mich eine Käserinde.
Jetzt bin ich mager; drum wart nur noch ein'ge Zeit,
Deiner Nachkommenschaft halt mich zum Mahl bereit.« –
So sprach die Maus, da sie der Kater fing. »Dich halt ich« –
      Sagt jener – »und du irrst gewaltig!
Wer bin ich, daß du so mit mir zu reden wagst?
Nicht mehr hilft's dir, als ob du's einem Tauben sagst.
Ein alter Kater und Begnad'gung? Welch Ansinnen!
      Nach unsrem Brauch – du kennst ihn doch? –
      Stirbst du. Marsch! Gleich ins schwarze Loch!
      Klag's den drei Schwestern, die dort spinnen!
Für meine Kinder gibt's genug zu fressen noch.« –
      Wort hielt er. Fragt ihr, was an kalter
Und trockener Moral die Fabel bringt zutag?
Die Jugend schmeichelt sich, daß alles sie vermag;
      Stets unbarmherzig ist das Alter.

Gerhard von Minden
Der Kater als Bischof

Einst eine Kron und einen Stab
der Löwe einem Kater gab
aus Freundschaft, die er anerkannte.
Damit schickt' er ihn in die Lande
als einen Bischof, groß und reich.
Der Kater meint', es käm ihm gleich
kein einziger an weisem Sinn.
Er zog zum alten Backhaus hin.
Auf einen Ofen g'setzt er ward,
dort er der andern Katzen harrt',
die all zum neuen Bischof kamen
und ihn als ihren Herrn annahmen.

Im Rat sie ernst beschlossen hatten,
daß sie mit Mäusen und mit Ratten
beköstgen wollten ihren Herrn,
so wie's geziemte ihm zu Ehrn,
weil selber er nicht mausen wollte
und sich dem Amt nur widmen sollte.
Mit untertän'gem Wort sie zwangen
ihn zum Verzicht aufs Mäusefangen.
Dies wäre besser unterblieben:
Kaum hatten sie sich eingeschrieben
mit Fleiß wohl in das Katzenbuch,
da sagten sie dem Kater Fluch,
sie wollten seinen Richtspruch fliehen,
ihm auch sein Herrenrecht entziehen,
wenn er sich hielte nicht daran.

Der Kater zu regiern begann.
Gekrönt saß er voll Würde oben,
dieweil ihn alle Katzen loben.
Da sah er plötzlich eine Maus,
die lief geschwind durchs ganze Haus.
Der Bischof sprang gar schnell herab,
verlor die Kron, den Herrscherstab
und fing die Maus nach seiner Art.
Das ganze Volk betrübt drum ward,
das unter seiner Herrschaft saß.
Von dieser Sach ich einmal las:
Hat einer sich das auserkoren,
zu dem er gar nicht ist geboren,
will er regiern, fehlt's ihm an Würde,
an Weisheit, Kraft, so ist er Bürde
des Volkes, schändet sein Geschlecht.
Drum wurde nach geschriebnem Recht
auch unser Bischof abgesetzt,
starb noch als arme Katz zuletzt.

Moral:
Unart bringt gar nichts Gutes ein,
laß durch das Mär gewarnt dich sein.
Auch wen zum Herrn man nicht soll wählen,
das wollte dieses Mär erzählen.

Karel Čapek
Die unsterbliche Katze

Diese Katzengeschichte beginnt sonderbarerweise mit einem Kater, und zwar mit einem geschenkten. Jedes Geschenk hat etwas Übernatürliches an sich; es ist, wenn ich so sagen darf, aus einer anderen Welt. Es dringt in unser Leben ein, unabhängig davon, ob es uns paßt oder nicht. Auch der geschenkte Kater mit dem blauen Schleifchen um den Hals hatte diese Eigenschaften an sich. Nach eben diesen verschiedengearteten Eigenschaften nannten wir ihn Filip, Racker, Gauner oder Räuber. Er war ein Angorakater, aber seinem Äußeren nach einem kessen Jungen nicht unähnlich. Und eines Tages geschah es: Auf einer seiner zahlreichen Entdeckungsreisen – diesmal hatte er sich den Balkon vorgenommen – fiel er, wie konnte so ein waghalsiger Spaziergang auch enden, von der Brüstung und einer Frau direkt auf den Kopf. Sie fühlte sich zum Teil tief beleidigt, zum Teil schrecklich zerkratzt und erstattete gegen meinen Kater eine Anzeige, als handle es sich um ein gefährliches Tier, das den Leuten regelmäßig auf den Kopf springt. Ich konnte zwar die Unschuld dieses Tierchens beweisen, aber nach drei Tagen hauchte der arme Kater sein Leben aus. Arsen und menschliche Bosheit haben ihn vergiftet.

Als er in den letzten Zügen lag und endlich ausgelitten hatte, miaute es plötzlich vor der Tür: Zitternd stand eine schwarzgraue Katze an der Schwelle, dürr wie eine Zaunlatte und verängstigt wie ein verlorengegangenes Kind. Nun, komm schon her, Mieze! Vielleicht ist es ein Fingerzeig des Himmels, ein geheimer Wink, der Wille des Schicksals oder wie man es auch nennen mag; wahrscheinlich hat dich der selige Kater als Ersatz gesandt.

Das also war der Einzug der Katze, die den Namen Pudlenka erhielt. Ihre Vergangenheit war recht undurchsichtig. Aber ich versichere, daß sie sich ihrer geheimen und vielleicht auch übernatürlichen Herkunft niemals gebrüstet hat. Im Gegenteil, sie benahm sich wie jede andere sterbliche Katze: Sie trank Milch und stahl Fleisch, schlief auf meinem Schoß und trieb sich des Nachts umher. Und eines Tages gebar sie fünf Kätzchen: ein Angorakätzchen, ein rothaariges, ein schwarzes, ein dreifarbiges und ein schwarzgraues. Ich begann sämtliche Bekannten anzuhalten: »Hören Sie«, bot ich ihnen großmütig an, »ich habe ein wunderhübsches Kätzchen für Sie.«

Einige redeten sich (wahrscheinlich aus übergroßer Bescheidenheit) heraus, daß sie ja gerne eines nehmen würden, aber leider nicht könnten, und dies und jenes... Andere wieder waren so überrascht, daß ich ihnen, ehe sie noch etwas erwidern konnten, die Hand drückte und versicherte, die Katze so bald wie möglich zu schicken; und schon war ich beim nächsten.

Nichts ist schöner als solch ein Katzenmutterglück. Nach sechs Wochen ließ Pudlenka Katzen Katzen sein und verschwand. Der Heldentenor des Katers aus der Nachbarstraße hatte es ihr angetan. Ihn wollte sie sich aus der Nähe anhören. Nach dreiundfünfzig Tagen gebar sie sechs Junge. Binnen Jahresfrist waren es im ganzen siebzehn.

Ich hatte mir immer eingebildet, einen großen Bekanntenkreis zu besitzen; aber, hol's der Teufel, seit Pudlenka sich auf die Produktion von Katzen verlegt hat, mußte ich feststellen, daß ich schrecklich einsam bin auf dieser Welt; daß ich zum Beispiel niemanden mehr hatte, dem ich die sechsundzwanzigste Katze anbieten konnte.

Mußte ich mich jemandem vorstellen, murmelte ich meinen Namen und sagte: »Möchten Sie nicht eine Katze?«

»Was für eine Katze?« fragten die Leute unsicher.

»Das weiß ich noch nicht«, antwortete ich in der Regel, »aber ich denke, daß ich wieder welche bekomme.«

Mit der Zeit bekam ich den Eindruck, daß mir die Leute aus dem Weg gingen. Vielleicht waren sie neidisch, daß ich solch ein Glück mit den Katzen hatte. Nach Brehm bekommen Katzen zweimal im Jahr Junge. Pudlenka bekam, ohne Rücksicht auf die Jahreszeit, drei- bis viermal im Jahr junge Kätzchen. Sie war eben eine übernatürliche Katze. Offenbar hatte sie die höhere Sendung, den ermordeten Kater zu rächen und sein Leben hundertfach zu ersetzen.

Nach drei Jahren kam Pudlenka plötzlich um; irgend so ein Hausmeister, dem sie eine Gans aus der Vorratskammer gestohlen haben sollte, hatte sie erschlagen. An dem Tag, an dem Pudlenka verschwunden war, kam ihre jüngste Tochter, die ich einem Nachbarn aufgedrängt hatte, zurück. Sie blieb bei uns unter dem Namen Pudlenka II. und entpuppte sich als genaues Ebenbild ihrer entschlafenen Mutter; sie ersetzte sie vollkommen. Sie gebar vier Kätzchen. Eins war schwarz, das andere von der edlen Rasse der rothaarigen Vršovicer Katzen, das dritte sah den Strašnicer Katzen mit ihren langgezogenen Nasen sehr ähnlich, während das vierte gefleckt war wie eine Bohne. Pudlenka II. bekam mit erstaunlicher Regelmäßigkeit dreimal im Jahr Junge. Binnen zweieinhalb Jahren hatte sie die Welt um einundzwanzig Katzen aller Farben und Rassen reicher gemacht, mit Ausnahme der schwanzlosen Katzen, die auf der Insel Man zu Hause sind. Für die einundzwanzigste Katze fand ich wirklich keinen Abnehmer mehr. Gerade hatte ich mich entschlossen, etwas zu unternehmen, um einen neuen Bekanntenkreis zu gewinnen, als Nachbars Pluto Pudlenka II. totbiß. Man brachte sie nach Hause und legte sie aufs Bett.

Nun blieb das Kätzchen, für das wir keinen Abnehmer gefunden hatten, bei uns unter dem Namen Pudlenka III. Nach vier Monaten gebar Pudlenka III. fünf Katzenkinder. Seitdem erfüllt sie ihre Lebensaufgabe bewußt in regelmäßigen Intervallen von fünfzehn Wochen.

Man sieht ihr gar nicht an, daß sie solch eine große Sendung erfüllt. Sie sieht aus wie eine gewöhnliche, dreifarbige Hauskatze, die den ganzen Tag über entweder auf dem Schoß des Hausherrn oder auf dem Bett vor sich hindöst, einen hochentwickelten Sinn für persönliche Bequemlichkeit hat, ein gesundes Mißtrauen gegen Menschen und Tiere hegt und wenn es darauf ankommt, ihre Interessen mit Zähnen und Krallen verteidigt.

In letzter Zeit ist mir aufgefallen, daß vom Norden her, wo sich die Olšaner Friedhöfe befinden, immer ein ungewöhnlich großer schwarzer Kater heranschleicht; vom Süden, wo Vršovice liegt, ein rothaariger und einäugiger Raufbold; vom Westen her ein Angorakater mit einem Schwanz wie eine Straußenfeder, vom Osten ein weißes Tier mit einem geringelten Schwanz.

In ihrer Mitte sitzt die dreifarbige, schlichte Pudlenka III. und lauscht verzaubert und mit glänzenden Augen ihrem Geheule, das, dem Gebrüll betrunkener Seeleute, Saxophonen, dem Lärmen von Trommeln und anderen Instrumenten ähnelnd, sich zu einer großen Katzensymphonie vereinigt.

Nun wird Pudlenka III. sicher in angemessener Frist bald wieder fünf Junge werfen. Ich habe in dieser Hinsicht schon meine Erfahrung; es werden fünf sein. Ich sehe sie schon, diese teuren, süßen, kleinen Tierchen, wie sie wieder durch die Wohnung purzeln, die Lampe vom Tisch reißen und in die Schuhe nässen werden; wie sie mir an den Beinen hoch auf den Schoß klettern (sie haben mir meine Beine bereits so zerkratzt, daß ich aussehe wie der arme Lazarus), wie ich ein Kätzchen im Ärmel finde, wenn ich den Mantel anziehen will, und die Krawatte unter dem Bett liegt, wenn ich sie brauche.

In der Redaktion, wo ich arbeite, ist bereits jeder mit einer Katze versorgt. Gut, ich werde mir also in einer anderen Redaktion Arbeit suchen müssen. Ich bemühe mich auch, an irgendeinen Verein oder an eine Organisation zu schreiben, ob man mir nicht dort wenigstens die einundzwanzigste Katze abnehmen will.

In der Zeit, in der ich mich in der Welt umtue, um einen Platz für die kommenden Generationen zu finden, wird Pudlenka III. oder Pudlenka IV. den unsterblichen Faden des Katzenlebens weiterspinnen. Sie wird von einer Katzenwelt träumen.

Überlege es dir noch einmal, und nimm mir wenigstens solch ein Katzentier ab. Ja? Sei so gut!

Patricia Highsmith
Leer ist das Vogelhaus

Als Edith es zum erstenmal sah, mußte sie lachen. Einen Augenblick glaubte sie, sich geirrt zu haben; aber als sie zur Seite trat und noch einmal hinsah, war es immer noch da, nur etwas weniger deutlich. Ein Gesicht wie das eines Eichhörnchens, mit dämonisch-intensiven Augen, starrte sie aus dem runden Loch des Vogelhäuschens an. Es konnte natürlich nur eine Täuschung sein – wahrscheinlich lag es an den Schatten oder an einem Astknoten in der hölzernen Rückwand des Häuschens. Die Sonne schien hell auf den kleinen Kasten, der in der Ecke zwischen Geräteschuppen und Hauswand aufgehängt und etwa 20 mal 25 Zentimeter groß war. Edith trat näher heran und stand jetzt etwa drei Meter entfernt. Das Gesicht verschwand.

Komisch, dachte sie, als sie ins Haus ging. Das muß ich heute abend Charles erzählen.

Aber sie vergaß es und sagte Charles nichts davon, und drei Tage später war das Gesicht wieder da. Diesmal sah sie es, als sie eben zwei leere Milchflaschen an die Hintertür gestellt hatte und sich wieder aufrichtete. Zwei schwarze Knopfaugen blickten sie gerade und unverwandt aus dem Vogelhäuschen an, und rundherum saß etwas wie bräunliches Fell. Edith fuhr leicht zusammen und blieb regungslos stehen. Sie meinte, zwei rundliche Ohren zu sehen und einen Mund – es war weder eine Schnauze noch ein Schnabel, aber er sah böse und grausam aus.

Dabei wußte sie doch, daß das Vogelhaus leer war. Vor Wochen schon war die kleine Blaumeisenfamilie ausgeflogen – gerade noch rechtzeitig, denn Jonathan, der Kater der Nachbarn, hatte ein Auge auf die Jungen geworfen. Vom Schuppendach aus konnte er mit der Pfote bis in das runde Loch des Kästchens reichen; Charles hatte es damals ein wenig zu groß gemacht für Blaumeisen. Edith und Charles hatten Jonathan mit einiger Mühe ferngehalten, bis die Vögel ihr Häuschen verlassen hatten. Ein paar Tage später hatte dann Charles das Vogelhaus abgenommen – es war wie ein Bild mit einer Drahtöse an der Wand befestigt – und gründlich geschüttelt, damit sich kein Schmutz darin festsetzte. Blaumeisen nisteten zuweilen ein zweites Mal, meinte er. Bis jetzt waren sie jedoch nicht wiedergekommen, das wußte Edith; sie hatte darauf geachtet.

Und Eichhörnchen wohnten niemals in Vogelhäusern. Oder vielleicht doch –? Aber hier gab es ja gar keine. Ratten? Die würden sich doch nicht in einem Vogelhaus niederlassen. Außerdem, wie sollten sie da hinaufkommen, sie konnten doch nicht fliegen.

Das alles ging Edith durch den Kopf, während sie das starre braune Gesicht anblickte und die scharfen Augen sie ebenso intensiv beobachteten.

Ich geh einfach mal hin und seh es mir an, dachte sie und trat auf den kleinen Pfad, der zum Schuppen führte. Doch sie ging nur drei Schritte weit, dann blieb sie stehen. Sie hatte keine große Lust, das Vogelhaus anzufassen und womöglich von irgendeinem unsauberen Nagetier gebissen zu werden. Heute abend wollte sie es Charles erzählen. Sie stand jetzt nahe vor dem Vogelhaus, und das Ding saß immer noch darin, deutlicher als je zuvor. Von einer optischen Täuschung konnte nicht die Rede sein.

Charles Beaufort, Ediths Mann, war Ingenieur für Datenverarbeitung und in einem Betrieb angestellt, der acht Meilen von ihrem Wohnort entfernt lag. Als ihm Edith abends berichtete, was sie gesehen hatte, zog er lächelnd die Augenbrauen in die Höhe. »Tatsächlich?« fragte er.

»Ich *kann* mich irren, natürlich. Bitte nimm doch das Ding noch einmal herunter und schüttle es, damit wir sehen, ob irgendwas drin ist.« Auch Edith lächelte jetzt, nur ihr Ton war ernst.

»Schön, das werde ich tun«, versprach ihr Charles bereitwillig und ging dann zu einem anderen Thema über. Sie waren noch beim Dinner.

Edith mußte ihn an sein Versprechen erinnern, als sie das Geschirr in die Spülmaschine stellten. Sie wollte gern, daß er nachsah, bevor es dunkel wurde. Charles ging hinaus, und Edith blieb an der Tür stehen und schaute ihm zu. Charles klopfte an das Vogelhaus und horchte. Dann nahm er es vom Haken, schüttelte es und drehte es langsam um, so daß das Loch unten lag. Wieder schüttelte er es.

»Nicht das mindeste drin!« rief er Edith zu. »Nicht mal ein Strohhalm.« Er lächelte nachsichtig und hängte das Kästchen wieder an die Mauer. »Was du da wohl gesehen hast? Du hast doch nicht vorher einen Whisky getrunken?«

»Aber nein, Charles. Ich hab's dir doch beschrieben.« Edith kam sich auf einmal ganz leer vor, als sei ihr etwas weggenommen worden. »Der Kopf war ein bißchen größer als bei einem Eichhörnchen, die Augen waren blank und schwarz wie Knöpfe, und der Mund sah – irgendwie streng aus.«

»Der Mund sah streng aus!« Charles warf den Kopf zurück und lachte, als er jetzt ins Haus kam.

»Ja – angespannt. Richtig böse«, beharrte Edith.

Mehr sagte sie nicht. Sie saßen im Wohnzimmer, Charles blätterte in der Zeitung und griff dann zu einem Ordner mit Geschäftsberichten. Edith hatte einen Katalog vor sich, aus dem sie Kacheln für die Küche aussuchen wollte. Was sollte sie nehmen – blau-weiß oder blau-weiß-rosa? Sie war nicht in der Stimmung, das zu entscheiden, und Charles war bei so etwas auch keine große Hilfe, er sagte immer nur freundlich: »Mir ist alles recht, was dir gefällt.«

Edith war vierunddreißig und seit sieben Jahren mit Charles verheiratet. Im zweiten Jahr ihrer Ehe hatte sie eine Fehlgeburt gehabt, an der sie im Grunde selbst schuld war, weil sie so panische Angst vor der Geburt gehabt hatte. Als sie dann die Treppe hinunterfiel, war das beinahe mit Absicht geschehen, das mußte sie – war sie ganz ehrlich – zugeben, wenn auch die Fehlgeburt dann einem Unfall zugeschrieben wurde. Zu einem zweiten Kind hatte sie nicht mehr den Mut gehabt; sie und Charles hatten darüber niemals auch nur mit einem Wort gesprochen.

Sie fand, daß sie eine glückliche Ehe führten. Charles hatte einen sehr guten Posten bei der Firma Pan Com Gerätebau, und sie hatten mehr Geld und Freiheit als ihre Bekannten, die durch zwei oder drei Kinder eingeengt waren. Sie hatten oft und gern Gäste bei sich, Edith vor allem im Haus und Charles auf dem Zehnmeter-Motorboot, wo sie zu viert schlafen konnten. Bei gutem Wetter waren sie an den meisten Wochenenden auf dem Fluß und den inländischen Kanälen unterwegs. Edith war eine hervorragende Köchin, an Bord wie zu Hause, und Charles sorgte für Getränke, Angelgeräte und Plattenspieler. Auf Wunsch tanzte er auch ein Solo zur Flöte.

An diesem Wochenende blieben sie daheim, weil Charles einiges zu arbeiten hatte. Edith warf immer wieder einen Blick auf das Vogelhaus, war aber ganz beruhigt, denn nun wußte sie ja, daß es leer war. Wenn die Sonne darauf schien, sah sie nichts als ein blasses Braun in dem runden Loch, das war die Rückwand des Kästchens; und wenn es im Schatten lag, war das Loch ganz schwarz.

Montag mittag stand sie im Schlafzimmer und bezog die Betten mit frischen Laken, denn um drei kam der Wäschemann. Als sie eine Decke vom Boden aufhob, huschte etwas darunter hervor, lief über den Fußboden und zur Tür hinaus – etwas Braunes, größer als ein Eichhörnchen. Edith schrak zurück und ließ die Decke fallen. Auf den Fußspitzen ging sie zur Tür und blickte auf die Treppe hinunter, von der sie die ersten fünf Stufen übersehen konnte.

Was war das für ein Tier, das überhaupt kein Geräusch machte, selbst nicht auf nacktem Holzfußboden? Hatte sie sich auch nicht getäuscht? War da wirklich etwas gewesen? Doch sie war ganz sicher, es war kein Irrtum. Sogar die kleinen schwarzen Augen hatte sie erkannt. Es war das Tier aus dem Vogelhaus.

Es half nichts – sie mußte es finden. Der Hammer fiel ihr ein – das wäre eine gute Waffe, falls sie eine brauchte, nur war der Hammer leider unten. Sie nahm statt dessen ein schweres Buch und ging vorsichtig die Treppe hinunter. Aufmerksam sah sie sich überall um, als sich am Fuß der Treppe das Blickfeld weitete.

Im Wohnzimmer war nichts zu sehen. Aber es konnte ja unter das Sofa oder unter den Sessel geschlüpft sein. Sie ging in die Küche und nahm den Hammer aus der Schublade, kehrte dann ins Wohnzimmer zurück und schob eilig den Sessel etwas beiseite. Nichts. Jetzt hatte sie doch tatsächlich Angst davor, unter dem Sofa nachzusehen – die Decke hing fast bis auf den Fußboden. Sie schob das Sofa eine Handbreit von der Stelle und horchte. Nichts war zu hören.

Es war ja immerhin *denkbar*, daß ihre Augen ihr einen Streich gespielt hatten. So was kam vor – ein Stäubchen, das einem vor den Augen verschwamm, wenn man sich gebückt hatte. Sie beschloß, Charles nichts davon zu sagen. Und doch – was sie im Schlafzimmer gesehen hatte, war realer, konkreter gewesen als das Ding draußen im Vogelhaus.

Ein Yuma, dachte sie eine Stunde später, als sie in der Küche Mehl über den Braten stäubte. Ein junges Yuma. Wo hatte sie das auf einmal her? Gab es so ein Tier überhaupt? Hatte sie vielleicht in einer Illustrierten ein Foto gesehen oder das Wort irgendwo gelesen?

Edith zwang sich dazu, zunächst alles in der Küche zu erledigen, was sie sich vorgenommen hatte; dann ging sie ins Wohnzimmer, wo das große Lexikon stand, und suchte das Wort Yuma. Es stand nicht drin. Diesmal war es offenbar die Phantasie, die mit ihr durchgegangen war – so wie vorher die Augen, die ihr das braune Tier vorgegaukelt hatten. Aber es war merkwürdig, wie beides zusammentraf: als sei dies genau der richtige Name für das seltsame Tier.

Zwei Tage später, als sie und Charles ihre Kaffeetassen in die Küche trugen, sah Edith es unter dem Kühlschrank – oder vielleicht hinter dem Kühlschrank? – hervorwetzen, quer über die Schwelle huschen und im Eßzimmer verschwinden. Um ein Haar hätte sie ihre Tasse fallen lassen, die laut gegen die Untertasse klirrte.

»Was ist los?« fragte Charles.

»Da war es wieder!« sagte Edith blaß. »Das Tier –«

»Was für ein Tier?«

»Das – ich hab's dir nicht gesagt –«, die Kehle wurde auf einmal so trocken, als sei sie im Begriff, ein peinliches Geständnis zu machen. »Das Ding – das Ding aus dem Vogelhaus, das habe ich wiedergesehen, am Montag, oben im Schlafzimmer. Und ich glaube, jetzt eben auch. Gerade eben.«

»Aber Liebling, im Vogelhaus war doch gar nichts.«

»Ja – als du nachgesehen hast, da nicht. Aber das Tier rennt ganz schnell – beinahe als ob es flöge.«

Charles' Gesicht nahm einen besorgten Ausdruck an. Er sah hinüber auf die Schwelle, auf der auch Ediths Blick lag. »Und jetzt eben hast du es auch gesehen? Ich werde mal nachschauen.« Er trat ins Eßzimmer. Suchend sah er sich auf dem Fußboden um, warf einen Blick auf seine Frau, bückte sich dann nachlässig und schaute unter den Tisch und zwischen die Stuhlbeine. »Also wirklich, Edith —«

»Schau doch mal ins Wohnzimmer«, sagte sie.

Charles suchte im Wohnzimmer, etwa fünfzehn Sekunden lang, dann kam er zurück und lächelte. »Tut mir leid, Kindchen, aber ich glaube, du bildest dir das ein. Außer wenn es eine Maus war, natürlich. Vielleicht haben wir Mäuse —? Ich will's ja nicht hoffen.«

»Ach, es ist viel größer und außerdem braun. Mäuse sind grau.«

»Ja«, sagte Charles obenhin. »Aber nun laß nur, mein Herz – du brauchst keine Angst zu haben, es wird dir nichts tun. Es läuft ja weg.« Und mit einer Stimme, die nicht sehr überzeugend klang, fügte er hinzu: »Wenn nötig, rufen wir den Kammerjäger.«

»O ja«, stimmte sie sofort zu.

»Wie groß war es denn?«

Sie hielt die Hände etwa sechs Zentimeter auseinander. »So groß.«

»Könnte ein Wiesel sein«, meinte er.

»Es ist noch flinker als ein Wiesel. Und es hat schwarze Augen. Eben – da blieb es einen Augenblick stehen und sah mir direkt ins Gesicht. Ganz bestimmt, Charles.« Ihre Stimme kippte fast um. Sie zeigte auf die Stelle neben dem Kühlschrank. »Genau da blieb es eine Viertelsekunde stehen und —«

»Komm, komm, Edith.« Er drückte ihr den Arm.

»Es sieht so böse aus, so – ich kann's gar nicht sagen.«

Charles sagte nichts, er sah sie nur an.

»Gibt es ein Tier, das Yuma heißt?« fragte sie.

»Yuma? Nie gehört. Warum?«

»Weil mir das heute auf einmal einfiel. Nur so. Ich dachte – weil mir das Tier immer im Kopf 'rumging, und weil ich noch nie so eins gesehen habe, wäre es möglich, daß ich den Namen irgendwo gelesen habe.«

»Yuma? Y-u-m-a?«

Sie nickte.

Charles lächelte. Die Sache schien sich zu einem lustigen Spiel zu wandeln. Er trat an das Bücherregal mit dem Lexikon und suchte das Wort, wie Edith es getan hatte. Er schlug den Band zu und nahm die Encyclopaedia Britannica im untersten Fach heraus. Nach einer Minute sagte er: »Weder im Lexikon noch in der Britannica. Ich glaube, das Wort hast du dir ausgedacht.« Er lachte. »Oder vielleicht ist es ein Wort aus Alice im Wunderland.«

Nein, es ist ein richtiges Wort, dachte Edith, aber sie hatte nicht mehr den Mut es zu sagen. Charles würde ihr doch nicht glauben. Edith war erschöpft und ging gegen zehn Uhr mit einem Buch zu Bett. Sie las noch, als Charles kurz vor elf ebenfalls hereinkam. In diesem Augenblick sahen sie es beide: es flitzte vom Fußende des Bettes, deutlich sichtbar, quer über den Teppich, verschwand unter der Kommode und dann, wie Edith meinte, zur Tür hinaus. Auch Charles mußte das geglaubt haben, denn er wandte sich schnell um und blickte ins Treppenhaus. »Du hast es gesehen!« stellte sie fest.

Mit ausdruckslosem Gesicht machte Charles Licht auf dem Treppenflur, sah sich suchend um und ging dann hinunter. Er blieb etwa drei Minuten unten, und Edith hörte, wie er mehrere Möbel wegrückte. Dann kam er zurück.

»Ja, ich hab's auch gesehen.« Er sah auf einmal blaß und müde aus. Edith seufzte und lächelte kaum merklich, sie war erleichtert, daß er ihr endlich glaubte.

»Siehst du, jetzt weißt du, was ich meine. Ich hab's mir nicht eingebildet.«

»Nein«, stimmte er zu.

Edith saß aufrecht im Bett. »Das Schreckliche ist, es sieht so – so unfangbar aus, weißt du.«

Charles begann sein Hemd aufzuknöpfen. »Unfangbar – was für ein Wort, Kindchen. Nichts ist unfangbar. Vielleicht ist es doch ein Wiesel. Oder ein Eichhorn.«

»Konntest du es denn nicht erkennen? Es ist doch genau an dir vorbeigelaufen.«

»Na ja, aber –« Er lachte. »Es rannte ja ziemlich schnell. Du hast es doch schon zwei- oder dreimal gesehen und auch nicht erkannt.«

»Hatte es einen Schwanz? Ich konnte nicht sehen, ob es einen Schwanz hatte oder ob der Körper allein so lang ist.«

Charles schwieg. Er griff nach seinem Morgenmantel und zog ihn langsam an. »Ich glaube, es ist kleiner, als es aussieht«, sagte er dann. »Es rennt sehr schnell, deshalb sieht es so lang aus. Vielleicht doch ein Eichhörnchen.«

»Aber die Augen sitzen vorne am Kopf. Beim Eichhörnchen sitzen sie doch mehr an der Seite.«

Charles bückte sich und blickte suchend unter das Bett. Er fuhr mit der Hand über die am Fußende eingesteckte Decke und ebenso darunter, dann stand er auf und sagte: »Paß mal auf. Wenn wir es noch mal sehen – *wenn* wir es überhaupt gesehen haben –«

»Was heißt das, *wenn*? Du hast es doch gesehen, das hast du selbst gesagt.«

»Na schön, ich glaub's ja auch.« Er lachte. »Aber wie kann ich wissen, ob mir nicht meine Augen oder Sinne etwas vormachen? Du hattest es ja sehr lebendig beschrieben.« Die letzten Worte klangen fast gereizt.

»Also – wenn was?«

»Ja – wenn wir es noch einmal sehen, besorgen wir uns eine Katze. Die findet es bestimmt. Wir leihen uns eine aus.«

»Aber nicht den Kater von Masons. Die möchte ich keinesfalls darum bitten.«

Sie hatten den Kater der Nachbarn nur mit kleinen Steinchen vom Vogelhaus fernhalten können, als die Blaumeisen flügge wurden. Das hatten die Nachbarn nicht gern gesehen. Sie standen immer noch auf gutem Fuß mit ihnen, aber weder Edith noch Charles wäre es eingefallen, sie um den Kater Jonathan zu bitten.

»Wir können doch den Kammerjäger bestellen«, sagte Edith.

»Ha – und was wollen wir ihm sagen? Wonach soll er suchen?«

»Nach dem, was wir gesehen haben«, sagte Edith leicht verärgert. Vor wenigen Stunden noch hatte Charles selber den Kammerjäger vorgeschlagen. Das Gespräch mit ihm spannte sie auf die Folter, und gleichzeitig deprimierte es sie. Es war alles so vage und hoffnungslos; sie wollte am liebsten schlafen und die ganze Sache vergessen.

»Wir versuchen es mal mit 'ner Katze«, meinte Charles. »Farrow hat eine, die hat er von den Nachbarn übernommen. Du weißt doch – Farrow ist der Buchprüfer, er wohnt in der Shanley Road. Er hat die Katze ins Haus genommen, als die Leute nebenan umzogen. Seine Frau mag aber keine Katzen, sagt er. Sie hat –«

»Ich bin auch nicht gerade wild darauf«, sagte Edith. »Wir wollen keine Katze ins Haus nehmen.«

»Nein, das nicht. Aber diese könnten wir bestimmt mal leihweise kriegen. Sie fiel mir gerade ein, weil Farrow sagt, sie wäre so ein fabelhafter Jäger. Es ist übrigens 'ne Katze, kein Kater. Neun Jahre alt, sagt er.«

Am nächsten Abend brachte Charles die Katze mit. Er kam eine halbe Stunde später als sonst, weil er mit Farrow nach Hause gefahren war, um die Katze zu holen. Er und Edith schlossen Türen und Fenster und ließen dann im Wohnzimmer die Katze aus dem Korb. Sie war weiß mit graucheckigen Streifen und schwarzem Schwanz. Sie blieb steif mitten im Zimmer stehen und blickte ablehnend und mit leicht verdrossener Miene um sich.

»Komm, Pussy, komm – na komm doch her.« Charles bückte sich, berührte sie aber nicht. »Du bist ja nur für einen oder zwei Tage hier. Haben wir Milch im Hause, Edith? Oder Sahne, das wäre noch besser.«

Sie machten für die Katze ein Lager in einem Pappkarton, legten ein altes Handtuch hinein und stellten den Karton in eine Ecke des Wohnzimmers. Aber die Katze legte sich lieber ans Fußende des Sofas. Sie hatte das Haus oberflächlich inspiziert und keinerlei Interesse an Winkeln und Schränken gezeigt, worüber Edith und Charles enttäuscht waren. Edith meinte, die Katze sei sicher viel zu alt, um irgend etwas zu fangen.

Am nächsten Morgen rief Mrs. Farrow an und sagte, sie könnten die Katze behalten, wenn sie wollten. »Es ist ein gesundes Tier und sehr sauber. Bei mir ist es einfach so, daß ich Katzen nicht gern habe. Wenn Sie sie also mögen – oder wenn die Katze Sie mag –« Edith wand sich mit überreichlichen Dankesworten und Erklärungen heraus, sie berichtete, warum sie die Katze brauchten, und versprach, Mrs. Farrow übermorgen wieder anzurufen. Sie sagte, sie und Charles hätten den Verdacht, es seien Mäuse im Haus; sie wollten aber gern sicher sein, bevor sie den Kammerjäger bestellten. Sie war einigermaßen erschöpft nach ihrem Wortschwall.

Die Katze verschlief den größten Teil des Tages, entweder auf dem Sofa oder am Fußende des Bettes oben im Schlafzimmer, was Edith nicht gern sah; aber sie wollte sie nicht reizen und tat deshalb nichts. Sie redete ihr sogar freundlich zu und trug sie auf dem Arm an die offenen Schranktüren, wo sich Pussy jedoch jedesmal steif abwandte, nicht etwa aus Furcht, sondern aus Langeweile. Den Thunfisch, den Mrs. Farrow angeraten hatte, fraß sie jedoch gern.

Freitag nachmittag saß Edith am Küchentisch und putzte Silber, als sie das Ding neben sich über den Fußboden flitzen sah – es kam von hinten und schoß wie eine braune Rakete durch die Küchentür ins Eßzimmer. Sie sah, wie es sich nach rechts wandte und ins Wohnzimmer huschte, wo die Katze lag und schlief.

Edith stand schnell auf und trat an die Wohnzimmertür. Nichts war mehr zu sehen, und auf dem Sofa lag die Katze mit geschlossenen Augen, den Kopf auf die Pfoten gebettet. Ediths Herz klopfte laut. In die Angst mischte sich nervöse Ungeduld, einen Augenblick lang hatte sie das Gefühl von Chaos und völliger Verwirrung. Das Tier war hier im Zimmer, und die Katze rührte sich nicht! Und um sieben kam das Ehepaar Wilson zum Essen; sie hatte kaum Zeit, Charles die Sache zu erzählen, weil er sich vorher noch waschen und umziehen wollte, und in Gegenwart der Gäste konnte und wollte sie nichts davon sagen, obgleich die Wilsons alte Bekannte waren. Das Gefühl des Chaos wurde zu ohnmächtiger Empörung; Tränen brannten in ihren Augen. Sie stellte sich vor, wie der Abend verlaufen würde, wie nervös und ungeschickt sie sich gewiß benahm, alle möglichen Sachen würde sie fallen lassen und doch nicht sagen können, was eigentlich mit ihr los war.

»Das Yuma – das verdammte Yuma«, sagte sie erbost mit halblauter Stimme, als sie in die Küche zurückging und trotzig das Silber fertigputzte, bevor sie sich ans Tischdecken machte.

Das Dinner verlief dann jedoch sehr gut, ohne zerbrochenes Geschirr und verbrannte Speisen. Christopher und Frances Wilson wohnten am anderen Ende des Dorfes; sie hatten zwei Söhne von sieben und fünf. Christopher war Syndikus bei Pan Com.

»Du siehst ziemlich müde aus, Charles«, meinte Christopher. »Habt ihr nicht Lust, am Sonntag mit uns 'rauszufahren?« Er blickte seine Frau an. »Wir wollten nach Hadden zum Schwimmen und dann ein Picknick machen – nur wir und die Kinder. Schön viel frische Luft.«

»Ach –« Charles wartete auf eine Ablehnung von Edith, aber sie schwieg. »Vielen Dank, bloß – wir wollten eigentlich mit dem Boot 'raus, weißt du, aber nun haben wir uns eine Katze ausgeliehen, und wir können sie wohl nicht gut den ganzen Tag allein lassen.«

»Eine Katze ausgeliehen?« fragte Frances Wilson.

»Ja – wir dachten, wir hätten vielleicht Mäuse im Haus, das wollten wir gern feststellen«, meinte Edith lächelnd.

Frances sagte noch ein paar Worte über die Katze, dann war das Thema erledigt. Pussy war jetzt sicher oben, dachte Edith. Sie verschwand immer nach oben, wenn Fremde ins Haus kamen.

Später, als die Gäste fort waren, erzählte Edith ihrem Mann von dem Tier, das sie wieder in der Küche gesehen hatte, und von der Katze, die so gleichgültig auf dem Sofa liegengeblieben war.

»Ja, das ist ja das dumme: es macht keinerlei Geräusch«, meinte Charles und runzelte die Stirn. »Bist du auch ganz sicher, daß du es gesehen hast?«

»So sicher, wie daß ich es überhaupt jemals gesehen habe«, erwiderte Edith.

»Laß uns noch ein paar Tage abwarten mit der Katze«, schlug Charles vor.

Am nächsten Morgen – Samstag – kam Edith gegen neun von oben, um Frühstück zu machen, und blieb erstarrt stehen, als ihr Blick auf den Fußboden im Wohnzimmer fiel. Da lag das Yuma, tot – zerfleischt am Kopf und Bauch und Schwanz. Vom Schwanz war nur noch ein zernagter Stumpf von etwa fünf Zentimeter Länge zu sehen, vom Kopf gar nichts – es war keiner da. Das Fell war braun, an den noch blutig-feuchten Stellen fast schwarz.

Edith drehte sich um und lief die Treppe hinauf.

»Charles!«

Er war wach, aber noch verschlafen. »Ja – was ist?«

»Die Katze hat es gefangen. Es liegt unten auf dem Fußboden, mitten im Zimmer. Bitte komm doch 'runter, ja? Ich kann nicht – wirklich –«

»Aber natürlich, Liebes.« Charles warf die Decke zurück und war schon aus dem Bett. Sekunden später war er unten. Edith folgte ihm.

»Hm – ganz schön groß«, sagte er.

»Was ist es?«

»Das weiß ich nicht. Laß – ich hole die Schaufel.« Er ging in die Küche. Edith sah ihm in einiger Entfernung zu, wie er alles mit Hilfe einer zusammengerollten Zeitung auf die Kehrichtschaufel schob. Er betrachtete das blutige Häufchen, die zerbissene Luftröhre, die Knochen. Die Füße hatten kleine Krallen.

»Was ist es? Ein Wiesel?« fragte Edith.

»Keine Ahnung. Wirklich, ich weiß es nicht.« Charles wickelte die Reste eilig in Zeitungspapier. »Ich werd's in den Mülleimer tun. Montag ist doch Müllabfuhr, nicht wahr?«

Edith antwortete nicht.

Er ging durch die Küche, und sie hörte den Deckel des Mülleimers klappern, der draußen vor der Küchentür stand.

»Wo ist die Katze?« fragte sie, als er wieder hereinkam.

Charles wusch sich die Hände am Spülstein. »Keine Ahnung.« Er nahm den Mop, ging damit ins Wohnzimmer und scheuerte die Stelle, wo das Tier gelegen hatte. »Stark geblutet kann es nicht haben – ich sehe hier überhaupt kein Blut.«

Während sie noch beim Frühstück saßen, kam die Katze durch die vordere Haustür. Edith hatte sie geöffnet, um das Wohnzimmer zu lüften, obgleich sie keinerlei Geruch festgestellt hatte. Die Katze hob kaum den Kopf, blickte sie müde an und gab ein langes »Miauu« von sich – den ersten Ton, seit sie im Haus war.

»Brave Pussy!« sagte Charles laut. »Eine ganz brave Pussy bist du.«

Aber die Katze wich der Hand aus, die sie streicheln wollte, und schlich langsam in die Küche, wo der Napf mit dem Thunfisch stand.

Charles lächelte Edith zu, und sie bemühte sich, das Lächeln zu erwidern. Ihr Ei hatte sie aufgegessen, aber von dem Toast brachte sie keinen Bissen mehr hinunter.

Nach dem Frühstück holte sie den Wagen aus der Garage und machte ihre Einkäufe, aber es geschah wie in einem Nebel. Sie ging umher und grüßte wie üblich die Bekannten, die sie unterwegs traf, nur spürte sie keinerlei Kontakt zwischen sich und den anderen. Als sie nach Hause kam, lag Charles angezogen auf dem Bett, die Hände hinter dem Kopf verschränkt.

»Ich wußte gar nicht, wo du warst«, sagte Edith.

»Oh – entschuldige. Ich war ein bißchen müde.« Er setzte sich auf.

»Nichts zu entschuldigen. Schlaf doch ruhig, wenn du müde bist.«

»Ich wollte die Spinnweben aus der Garage 'rausmachen und mal gründlich durchfegen.«

Er stand auf. »Bist du nicht froh, Kindchen, daß das – das Ding nun weg ist?« fragte er und zwang sich zu einem Lachen.

»Doch, natürlich. Weiß Gott, ja.« Aber ihr war immer noch deprimiert zumute, und sie merkte, daß es Charles ebenso ging. Zögernd blieb sie in der Tür stehen. »Was es wohl für ein Tier war? Das würde ich doch gern wissen.« Wenn wir bloß den Kopf gefunden hätten, dachte sie; aussprechen konnte sie es nicht. Der Kopf mußte doch noch irgendwo auftauchen, im Haus drinnen oder im Garten. Den Schädel konnte die Katze nicht gefressen haben.

»So was ähnliches wie ein Wiesel, meine ich«, sagte Charles. »Wir können die Katze jetzt zurückbringen, wenn du willst.«

Sie beschlossen, noch bis morgen zu warten und dann die Farrows anzurufen.

Pussy schien jetzt zu lächeln, wenn Edith sie ansah. Es war ein müdes Lächeln, oder saß die Müdigkeit nur in den Augen? Sie war immerhin neun Jahre alt. Edith blickte immer wieder zu ihr hinüber, als sie an diesem Wochenende ihrer Arbeit nachging. Die Katze hatte jetzt ein anderes Gesicht: sie sah aus, als habe sie ihre Aufgabe pflichtgemäß erfüllt und wisse das auch, sei aber nicht besonders stolz darauf.

Es war komisch, aber Edith hatte das Gefühl, als bestehe da ein Bündnis zwischen der Katze und dem Yuma oder was immer es für ein Tier gewesen war. Als seien die beiden so etwas wie Bundesgenossen, oder seien es gewesen. Beide waren Tiere und hatten einander verstanden, das eine – das stärkere – war der Feind, das andere die Beute. Und die Katze hatte das Tier gesehen, vielleicht auch gehört, und hatte ihre Krallen in seinen Leib geschlagen. Vor allem hatte die Katze keine Angst gehabt, wie sie und sogar Charles Angst gehabt hatten. Und während ihr das alles durch den Kopf ging, wurde es Edith klar, daß sie die Katze nicht mochte. Sie sah so mürrisch aus, so voller Mißtrauen. Und bestimmt mochte die Katze sie und Charles auch nicht leiden.

Edith hatte sich vorgenommen, am Sonntag nachmittag gegen drei mit Mrs. Farrow zu telefonieren, aber Charles ging nach Tisch selbst an den Apparat und sagte, er werde anrufen. Sie hatte etwas wie Angst davor, auch nur Charles' Teil des Gesprächs mit anzuhören, doch sie blieb mit der Zeitung auf dem Sofa sitzen und hörte zu.

Charles bedankte sich zunächst überschwenglich und berichtete, die Katze habe ein Tier gefangen, das wie ein großes Eichhörnchen oder ein Wiesel aussehe. Das sei sehr erfreulich, aber behalten wollten sie Pussy nun doch nicht, so nett sie auch sei; konnten sie sie heute zurückbringen, so gegen sechs? »Ja, aber – die Sache ist ja nun erledigt, wissen Sie, und wir sind Ihnen schrecklich dankbar, aber … Ja, ganz bestimmt, ich werde mich im Betrieb mal umhören, ob dort jemand eine Katze gebrauchen kann.«

Er legte den Hörer aufatmend hin und öffnete seinen Kragen. »Uff – das war ein Stück Arbeit! Ich komme mir richtig schäbig vor. Aber es hat doch keinen Zweck zu behaupten, daß wir die Katze behalten möchten, wenn wir sie doch los sein wollen, findest du nicht?«

»Ganz bestimmt. Aber wir müßten ihnen irgendwas mitbringen, eine Flasche Wein oder so was.«

»Ja, das ist eine gute Idee. Haben wir noch Wein?«

Nein, Wein war nicht mehr da. An ungeöffneten Flaschen fand sich nichts als eine Flasche Whisky, die Edith befriedigt zum Mitnehmen vorschlug. »Sie haben uns ja wirklich einen großen Gefallen getan«, meinte sie.

»Ja, das stimmt«, sagte Charles lächelnd. Er wickelte die Flasche in eins der grünen Seidenpapiere ein, die der Weinhändler immer zum Verpacken benutzte, setzte die Katze in ihren Korb und machte sich auf den Weg. Edith hatte keine Lust mitzukommen, aber er sollte ja nicht vergessen, auch in ihrem Namen herzlich zu danken.

Sie setzte sich mit einer Zeitung aufs Sofa und versuchte zu lesen, doch ihre Gedanken waren nicht bei der Sache. Die Augen schweiften durch das leere Zimmer, über die unteren Treppenstufen und durch die Wohnzimmertür. Es war ganz still im Haus.

Nun war es tot, das kleine Yumababy. Warum sie es sich immer als Baby vorstellte, wußte sie nicht. Was für ein Baby überhaupt? Aber für jung hatte sie es immer gehalten, wenn auch gleichzeitig für grausam. Und es hatte die ganze Bosheit und Tücke der Welt gekannt, der menschlichen und der tierischen Welt. Das Genick war ihm durchgebissen worden, von der Katze. Sie hatten den Kopf nicht gefunden. Edith saß noch auf dem Sofa, als Charles zurückkam. Langsam trat er ins Zimmer und ließ sich in den Sessel fallen.

»Du – sie wollten sie eigentlich gar nicht wiederhaben.«

»Wieso – was meinst du?«

»Ja – es ist nicht ihre eigene Katze, weißt du. Sie haben sie nur aus Freundlichkeit übernommen, als die Leute von nebenan wegzogen. Die sind nach Australien ausgewandert und konnten die Katze nicht mitnehmen. Nun treibt sie sich so ein bißchen in beiden Häusern herum, aber ihr Futter bekommt sie bei den Farrows. Eigentlich traurig.«

Unwillkürlich schüttelte Edith den Kopf. »Ich mochte sie nicht, Charles. Und für eine neue Familie ist sie auch schon zu alt, meinst du nicht?«

»Kann sein, ja. Na, verhungern wird sie jedenfalls nicht bei den Farrows. Würdest du uns wohl einen Tee machen, Kindchen? Das wäre mir lieber als was Alkoholisches.«

Abends rieb sich Charles die rechte Schulter mit Rubriment ein und ging dann früh ins Bett. Edith wußte, er fürchtete einen Rückfall des alten Rheumaleidens.

»Ich werde alt, du«, sagte er. »Jedenfalls komme ich mir heute abend richtig alt vor.«

Edith ging es ebenso. Melancholie hing über ihr. Sie stand vor dem Spiegel im Bad und besah sich die kleinen Falten unter den Augen, die ihr heute stärker auffielen als sonst. Der Sonntag war anstrengend gewesen. Aber das Grauen war nun aus dem Haus, das war eine große Erleichterung. Fast zwei Wochen hatte sie in Angst gelebt.

Das Yuma war tot, und jetzt wußte sie auch, was das alles zu bedeuten hatte, oder konnte es jedenfalls zugeben. Das Yuma hatte die Vergangenheit zurückgebracht, eine dunkle böse Schlucht. Es hatte die Zeit zurückgebracht, da sie ihr Kind verloren hatte – absichtlich. Charles' bitterer Kummer war wieder lebendig geworden, und seine zur Schau getragene Ungerührtheit. Ihre alte Schuld war aufgestanden. Und Charles – war es ihm vielleicht ebenso ergangen? Kein Mensch, kein Erwachsener auf der ganzen Welt hatte eine völlig einwandfreie Vergangenheit, eine Vergangenheit ohne Schuld und Fehl...

Ein paar Tage später war Charles eines Abends dabei, mit dem Gartenschlauch die Rosen zu wässern, als er plötzlich in dem runden Loch des Vogelhäuschens ein Tiergesicht erblickte. Es war genau das gleiche Gesicht wie das andere, von Edith beschriebene, das er nie aus dieser Nähe gesehen hatte: starre schwarze Augen, ein rabiater kleiner Mund und die argwöhnische Bosheit, von der Edith so beeindruckt gewesen war. Charles vergaß den Schlauch, das Wasser spritzte hoch gegen die Mauer. Er ließ den Schlauch fallen und wandte sich zum Haus, um den Wasserhahn abzustellen; dann wollte er sofort das Vogelhaus abnehmen und nachsehen, was darin war. Gleichzeitig fiel ihm ein, daß das Kästchen ja gar nicht groß genug war für ein Tier, wie es die Katze gefangen hatte. Das konnte es also nicht sein.

Er lief auf das Haus zu und hatte es fast erreicht, als er Edith sah. Sie stand in der Tür und blickte auf das Vogelhaus.

»Da ist es schon wieder!«

»Ja.« Er drehte den Wasserhahn zu. »Jetzt werd ich mir mal ansehen, was das ist.«

Eilig ging er auf das Vogelhaus zu, doch auf halbem Wege blieb er stehen und starrte auf die Gartenpforte.

Durch die offene Tür kam Pussy, zerzaust und erschöpft, fast beschämt sah sie aus. Sie kam mit normalen Schritten und trottete dann etwas mühsam und mit gesenktem Kopf auf Charles zu.

»Sie ist wieder da«, sagte er.

Edith fühlte den Schleier aus dunkler würgender Angst, der auf sie zukam. Es war alles so vorausbestimmt, so fürchterlich unabwendbar. Mehr Yumas würden kommen, immer mehr. Wenn Charles jetzt gleich das Vogelhaus ausschüttelte, dann war natürlich nichts drin. Dann würde das Yuma wieder im Haus auftauchen, und Pussy würde es wieder fangen. Sie und Charles waren ihm ausgeliefert, sie konnten ihm nicht mehr entrinnen.

»Stell dir vor, die hat den ganzen Weg allein zu uns zurückgefunden – zwei Meilen!« Charles nickte seiner Frau überrascht lächelnd zu. Aber Edith mußte die Zähne zusammenbeißen, um nicht laut aufzuschreien.

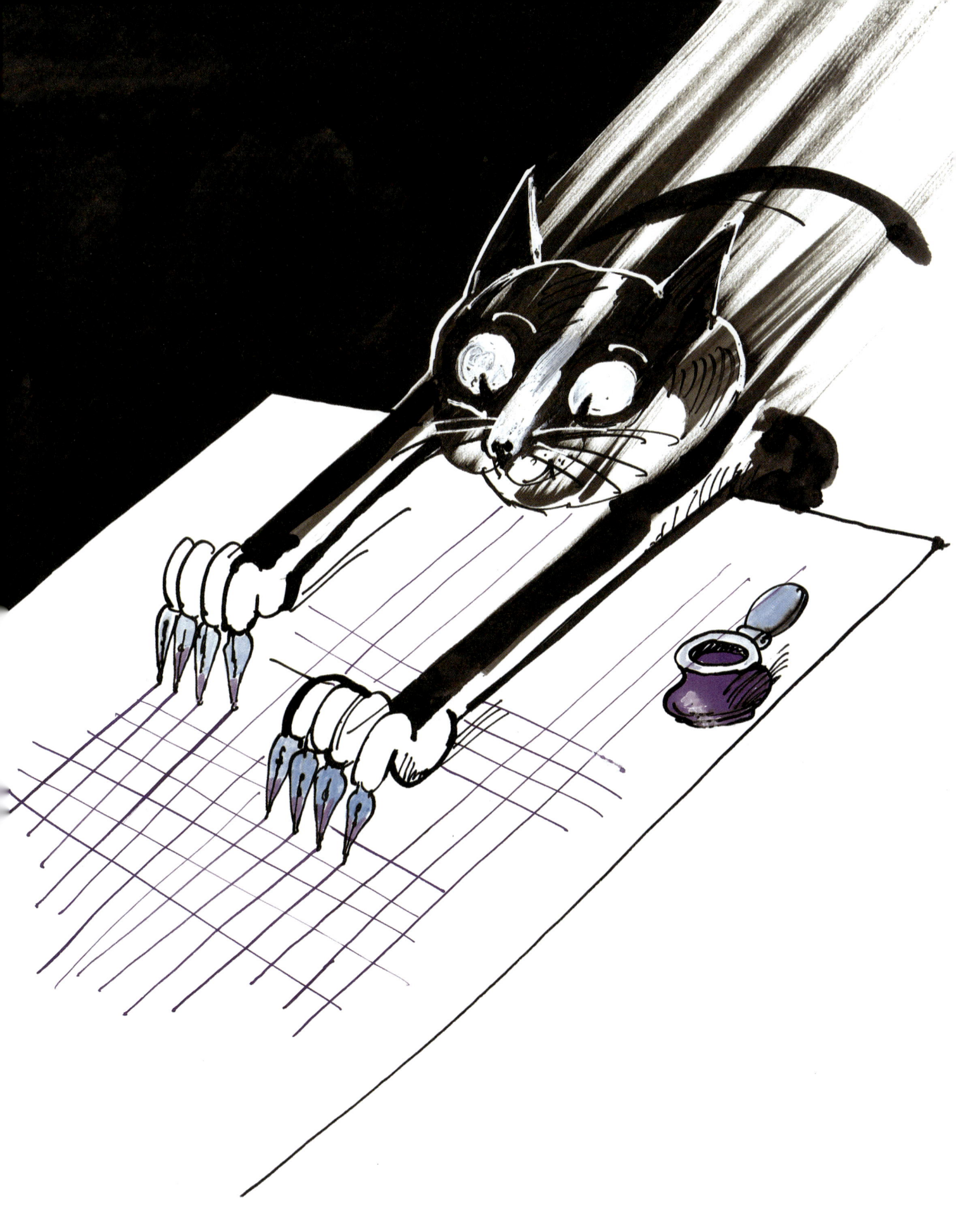

Elke Heidenreich
Liebe Klara

Liebe Klara,

so weit und so lange waren wir noch nie getrennt, und noch weiß ich nicht, ob Du mir fehlst. Es ist gar nicht schlecht, sich nachts im Bett in alle Richtungen strecken zu können – wenn Du auf der Decke liegst, kriege ich dafür stets ein so böses Knurren und ein so giftiges Fauchen, daß ich mich schon längst nicht mehr traue, bequem zu liegen. Es ist auch angenehm, beim Frühstück Zeitung lesen zu können – Du hast ja so eine Art, Dich immer gerade auf das Blatt zu legen, das ich lesen will, und daß nicht alles, was ich auf meinem Teller habe, mit dieser Mischung aus Neid und Mißfallen angeglotzt wird, das genieße ich auch.

Ich will damit nicht etwa sagen, daß ich froh wäre, Dich für eine Weile los zu sein, liebe Klara. Aber in letzter Zeit hast Du mich zunehmend an Mutter erinnert, und das ist nicht erfreulich, weißt Du. Als ich Dich damals nach ihr nannte: Klara – da habe ich mir nicht viel dabei gedacht. Deinen richtigen Namen hast Du mir ja leider nie verraten, als Du in mein Leben tratest – schon bejahrt, schon ziemlich dick, und nach Deinem Zahnstein und Deiner etwas langweiligen Art zu schließen, nach einem Leben mit Trockenfutter und Sofakissen. Fünf Tage lang saß ich vor Dir und sagte alle Katzennamen auf, die nur denkbar sind – Mizzi? Maunz? Pussi? Bella? – und Du hast mich stumm und streng angeschaut und gedacht: »An was für eine Wahnsinnige bin ich denn jetzt geraten.« Reagiert hast Du nur, als ich entnervt schrie: »Ja, heißest du denn vielleicht Rumpelstilzchen?« Da hattest Du auf einmal diese aufgerissenen Augen, wie Mutter, wenn ich als Kind mal in Zorn geriet, kühl: »Wir wollen es nun doch aber nicht übertreiben.« So habe ich Dich Klara genannt, nach ihr.

Daß Du ihr nun immer ähnlicher wirst, ist eine Deiner Tücken. Ich meine nicht nur Deine Figur – weiß der Himmel, warum Du immer runder wirst! Ich stelle Dir Teller mit gesunder Kost in ausgetüftelten Mengen hin, aber in der Nähe muß eine Rentnerin wohnen, die Dir täglich Heilbutt in Butter dünstet – Du kommst ja oft genug satt und mit hochmütigem Gesicht nach Hause: »Woanders wird man noch geschätzt . . .«

Du hast Dir auch diese Art zugelegt, alles zu kritisieren, was ich mache. Öffne ich ein Fenster, mußt Du das Zimmer mit erhobenem Schwanz verlassen, weil es angeblich zieht. Hole ich den Staubsauger, fliehst Du aus dem Haus mit dem Satz: »Kann man denn nirgends etwas Ruhe haben?« Lege ich mich in die Badewanne, so hockst Du Dich auf den Rand, starrst angewidert ins Wasser und denkst: »So eine Afferei.« Ich kann Dir nichts recht machen. Mutter tut heute noch so, als hätte ich ihr emanzipiertes Frauenleben zerstört durch meine bloße Existenz. Und Du tust so, als seist Du bei mir von verlorenen Paradiesen in eine Hölle gekommen oder sagen wir: in unzumutbare Wildnis. Du verzeihst es mir nicht, daß ich einen Garten habe und daß Du deine Würstchen jetzt da legen mußt und nicht mehr in eine Kiste mit weißem Sand, wie Du es wohl gewöhnt warst. Ich sehe Dich durch das nasse Gras staksen, zimperlich, die Pfoten hochziehend, damit es ja nicht pikt, und Du legst die Ohren an und wirfst mir vor, daß das Leben gefährlich für Dich geworden ist mit so viel *Natur*. Einmal habe ich gesehen, wie Du Dich glücklich in der Sonne gewälzt und den Vögeln nachgeschaut hast. »Na, Klara«, habe ich gesagt, »nun gefällt es dir ja doch.« Du hast Dich umgedreht und bist böse ins Haus gegangen. Auch Mutter haßte es, wenn man sie dabei ertappte, daß ihr doch einmal etwas Freude machte.

Es ist nicht einfach, mit Dir zu leben, liebe Klara. Warum zum Beispiel legst Du dich nur dann quer über meinen Schreibtisch, wenn Du klatschnaß aus dem Regen kommst? Ich habe immer das Gefühl, daß Du damit Deine Mißachtung für meine Arbeit ausdrücken willst. Oder ist das Deine verkorkste Art, doch eine Art Zuneigung zu zeigen? Einmal bin ich in Tränen ausgebrochen, weil Du mir ein so wichtiges Manuskript ruiniert hast – da bist Du auf meinen Schoß gesprungen, hast mich gekratzt und gesagt: »Mein Gott, bist du empfindlich, so war es doch nicht gemeint.« Wie Mutter. Als ich ein Kind war, habe ich ihr manchmal Briefchen, kleine Gedichte, Geschichten geschrieben. Sie sah sie an, nickte kurz, und dann ritschratsch weg damit – so machst Du es, wenn ich Dir ein Spielzeug mitbringe oder einen Wollball bastele: ein Blick, ein Tupfen mit der Pfote, und dann ein Hieb, daß das Ding in die hinterste Ecke fliegt, nie mehr beachtet wird: Schnickschnack. Brauchen wir nicht. Sentimentalitäten. Dummes Zeug.

Liebe Klara, und wie Du Dich aufgespielt hast, als Rosa zu uns kam! Rosa, die so still und bescheiden ist, die sich nie auf Deine Plätze legt, die nie von Deinem Teller frißt, die einen weiten Bogen um Dich macht und froh ist, daß sie bei uns wohnen kann – und Du? Du fauchst sie an, wenn sie heimkommt, Du legst Dich auf ihren Platz, Du vertreibst sie vom Sessel, wenn sie tief schläft, erschrickst sie zu Tode und hast Deinen Spaß daran. Du bist launisch, neidisch, unberechenbar. Man weiß nie, ob Du zu einer zärtlichen Geste oder zu einer gezielten Ohrfeige ausholst. Du bist kleinlich, leicht und ausdauernd beleidigt, und ich sehe Dich oft an, wie ich Mutter früher angesehen habe, wenn sie mich stundenlang nicht beachtete, und denke: »Ob sie mich überhaupt mag?«

Ich würde Rosa gern grüßen lassen, aber Du richtest es ja doch nicht aus. Rosa zu schreiben hat keinen Zweck, sie kann ja nicht lesen, sie zerträumt den Tag im Garten, während Du schon längst auf dem Briefkasten sitzt und nachschaust, wer geschrieben hat. Einmal habe ich Dich vor meinem Tagebuch sitzen sehen. Mutter hat auch immer in meinen Tagebüchern gelesen, und Du hast mich mit ihrem klaren kühlen Blick angeschaut, als ich ins Zimmer kam: »Du findest dich wohl sehr sehr wichtig, was?«

Ich habe hier eine schmale graue Katze kennengelernt, die niemandem gehört. Ich nenne sie Lina und stelle ihr zu essen hin, aber anfassen darf ich sie nicht. Am Nachmittag liegen wir zusammen auf der Terrassse, ich im Liegestuhl und Lina auf den warmen Fliesen, und dann schauen wir aufs Meer hinaus, und ich erzähle von Dir. Solche Katzen wie Dich kennt sie nicht – so selbstbewußt, so streng, so wichtig. Sie ist es nicht gewöhnt, daß der Tisch immer gedeckt ist. Hier sind die Winter hart, die Steinwürfe nach streunenden Katzen zahlreich, hier schleicht man sich rasch und lautlos an den Küchen vorbei. Du schleichst nie. Du bist als Königinmutter geboren, Du hast den Gang, der alle strammstehen läßt, Königin Klara die Erste, danach kommt lange nichts, dann ich – als Dienstmädchen.

Einmal, als ich wirklich krank war, bist Du Tag und Nacht nicht von meinem Bett gewichen. Ich träumte von früher, und daß Mutter mir einmal besorgt die Hand auf die heiße Stirn gelegt hat, aber als ich danach greifen wollte, zog sie sie zurück. Und Du, Klara, hast plötzlich mit Deiner rauhen Zunge meine Hand geleckt, und dabei hast Du geschnurrt. Ich habe fest die Augen zugekniffen und so getan, als merkte ich nichts. Du erträgst es ja nicht, daß man Dich bei Deiner Zuneigung erwischt. Das kenn' ich schon, Klara, damit kann ich leben.

Du, die Du mir die Liebste bist.

Ich bringe Dir ein sehr schönes geflochtenes Körbchen mit. Du wirst es verstimmt ansehen und Dich nur hineinlegen, wenn ich nicht da bin. Ich werde es merken an den schwarzweißen Haaren auf dem Kissen – unsere Rosa ist rot. Du wirst das Körbchen jedoch niemals auch nur beachten, wenn ich im Zimmer bin. Es ist gut so.

Liebe Klara, es geht mir gut. Die Sonne scheint, das Meer rauscht, ich esse exotische Früchte. Ab heute noch eine Woche, dann bin ich zurück.

Du fehlst mir so sehr.

Edgar Allan Poe

Die schwarze Katze

Daß man den so unheimlichen und doch so natürlichen Geschehnissen, die ich jetzt berichten will, Glauben schenkt, erwarte ich nicht, verlange es auch nicht. Ich müßte wirklich wahnsinnig sein, wenn ich da Glauben verlangen wollte, wo ich selbst das Zeugnis meiner eigenen Sinne verwerfen möchte. Doch wahnsinnig bin ich nicht – und sicherlich träume ich auch nicht. Morgen aber muß ich sterben, und darum will ich heute meine Seele entlasten. Aller Welt will ich kurz und sachlich eine Reihe von rein häuslichen Begebenheiten enthüllen, deren Wirkungen mich entsetzt – gemartert – vernichtet haben. Ich will jedoch nicht versuchen, sie zu deuten. Mir brachten sie die fürchterlichste Qual – anderen werden sie vielleicht nicht mehr scheinen als groteske Zufälligkeiten. Es ist wohl möglich, daß später einmal irgendein besonderer Geist sich findet, der meine anscheinend phantastischen Berichte als nüchterne Selbstverständlichkeiten zu erklären vermag – ein klarer und scharfer Geist, weniger exaltiert als ich, der in den Umständen, die ich mit bebender Scheu enthülle, nichts weiter sieht als die einfache Folge ganz natürlicher Ursachen und Wirkungen.

Seit meiner Kindheit galt ich als ein weichherziger und anschmiegsamer Mensch. Ja, meine hingebende Herzlichkeit trat so offen hervor, daß sie oft den Spott meiner Kameraden herausforderte. Da ich eine ganz besondere Zuneigung für die Tiere empfand, beglückten mich meine Eltern gern mit allerlei Lieblingen. Mit diesen verbrachte ich all meine freie Zeit, und nie war ich glücklicher, als wenn ich sie fütterte und liebkoste. Diese Liebhaberei wuchs mit mir heran, und noch im Mannesalter war sie mir eine Hauptquelle meiner Freuden. Wer jemals für einen treuen und klugen Hund wahre Zärtlichkeit hegte, den brauche ich nicht auf die innige Dankbarkeit, die das Tier uns dafür entgegenbringt, hinzuweisen. In der selbstlosen und opferfreudigen Liebe eines Tieres ist etwas, das jedem tief zu Herzen gehen muß, der je Gelegenheit hatte, die armselige ›Freundschaft‹ und geschwätzige Treue des ›erhabenen‹ Menschen zu erproben.

Ich heiratete früh und war herzlich froh, in meinem Weibe ein mir verwandtes Gemüt zu finden. Als sie meine Liebhaberei für allerlei zahmes Getier erkannt hatte, versäumte sie keine Gelegenheit, solche Hausgenossen der angenehmsten Art anzuschaffen. Wir besaßen Vögel, Goldfische, einen schönen Hund, Kaninchen, einen kleinen Affen und – eine Katze.

Diese letztere war ein auffallend großes und schönes Tier, ganz schwarz und erstaunlich klug. Wenn wir auf ihre Intelligenz zu sprechen kamen, gedachte meine Frau, die übrigens nicht im geringsten abergläubisch war, manchmal des alten Volksglaubens, daß Hexen oft die Gestalt schwarzer Katzen anzunehmen pflegen. Nicht, daß sie damit jemals eine ernstliche Anspielung hätte machen wollen – ich erwähne es nur, weil ich gerade jetzt daran denken mußte.

Die Katze war mein bevorzugter Freund und Spielkamerad. Ich selbst fütterte sie, und wo ich im Hause stand und ging, war sie bei mir. Nur schwer konnte ich sie davon zurückhalten, mir auch auf die Straße zu folgen.

So bestand und bewährte sich unsere Freundschaft mehrere Jahre lang. In dieser Zeit aber hatte mein Charakter infolge meiner teuflischen Trunksucht – ich erröte bei diesem Bekenntnis – eine völlige Wandlung zum Bösen durchgemacht. Ich wurde von Tag zu Tag mürrischer, reizbarer, rücksichtsloser gegen die Gefühle anderer. Ich erlaubte mir selbst meiner Frau gegenüber rohe Worte. Schließlich schlug ich sie sogar. Meine Tiere mußten unter meiner Verkommenheit selbstverständlich ganz besonders leiden. Ich vernachlässigte sie nicht nur, sondern mißhandelte sie auch. Auf die Katze indessen nahm ich immer so viel Rücksicht, daß ich sie nicht ebenso schlecht behandelte wie die Kaninchen, den Affen und auch den Hund, die ich bei jeder Gelegenheit mißhandelte, wenn sie mir zufällig oder aus alter Anhänglichkeit in den Weg liefen. Doch mein Leiden wuchs – denn welches Leiden ist lebenszäher als der Hang zum Alkohol! – und endlich mußte selbst die Katze, die jetzt alt und daher etwas grämlich wurde, die Ausbrüche meiner Übellaunigkeit fühlen.

Eines Nachts, als ich schwer betrunken aus einer meiner Schnapsspelunken nach Hause kam, schien es mir so, als ob die Katze mir ausweiche. Ich packte sie – und da, wahrscheinlich erschreckt durch meine Heftigkeit, riß sie mir mit den Zähnen eine leichte Schramme über die Hand. Im Augenblick geriet ich in wahnsinnige Wut. Ich war nicht mehr ich selbst. Mein wahres Wesen war plötzlich entflohen, und an seiner Stelle spannte eine viehische, trunkene Bosheit jeden Nerv in mir. Ich nahm aus der Westentasche ein Federmesser, öffnete es, riß das arme Tier am Halse empor und bohrte bedachtsam eins seiner Augen aus der Augenhöhle heraus! – Die brennende Glut der Scham und kalte Schauer des Entsetzens überfallen mich jetzt, da ich jener höllischen Verruchtheit gedenke.

Am andern Morgen, nachdem ich meinen Rausch verschlafen hatte und mir die Vernunft zurückgekehrt war, empfand ich halb Grauen, halb Reue über das Verbrechen, dessen ich mich schuldig gemacht hatte; aber es war das nur ein schwaches, oberflächliches Gefühl, und meine Seele blieb unbewegt. Ich stürzte mich aufs neue in wüste Ausschweifungen, und bald war im Wein jede Erinnerung an meine Untat ersäuft.

Inzwischen erholte sich die Katze langsam. Die leere Augenhöhle bot allerdings einen schrecklichen Anblick, aber Schmerzen schien das Tier nicht mehr zu haben. Wie früher ging es im Hause umher, floh aber, wie nicht anders zu erwarten, in wahnsinniger Angst davon, sobald ich in seine Nähe kam. Es war mir noch immer so viel von meinem Gefühl geblieben, daß ich diese offenbare Abneigung eines Geschöpfes, das mich vordem so geliebt hatte, anfangs schmerzlich empfand. Doch dieses Empfinden wich bald einem anderen – der Erbitterung. Und dann kam, wie zu meiner endgültigen und unaufhaltsamen Vernichtung, noch der Geist des *Eigensinns* hinzu. Diesen Geist beachtet die Philosophie nicht, und dennoch bin ich wie von dem Leben meiner Seele davon überzeugt, daß Eigensinn eine der ursprünglichsten Regungen des menschlichen Wesens ist – eine der elementaren, primären Eigenschaften oder Empfindungen, die dem Charakter des Menschen seine Richtung geben. Wer hat nicht schon hundertmal eine gemeine oder dumme Handlung begangen, einzig und allein weil er wußte, daß er eigentlich *nicht* so handeln sollte! Haben wir nicht eine beständige Neigung, das *Gesetz* zu übertreten, nur weil wir eben wissen, daß es ›Gesetz‹ ist? Ich sage, dieser Geist des Eigensinns war es, der mich endgültig umwarf. Es war jene unergründliche Gier der Seele, sich selbst zu quälen und im Trotz gegen ihre erhabene Reinheit allein um des Bösen willen das Böse zu tun, die mich antrieb, meine Schuld an der wehrlosen Katze noch zu erweitern, so weit nur eben möglich. So legte ich ihr eines Morgens eine Schlinge um den Hals und knüpfte sie an einem Baumast auf; ich erhängte sie unter strömenden Tränen und bittersten Gewissensqualen; erhängte sie, eben *weil* ich wußte, daß sie mich geliebt hatte, und *weil* ich fühlte, daß sie mir keinen Grund zu dieser Greueltat gegeben hatte; erhängte sie, *weil* ich wußte, daß ich damit eine Sünde beging – eine Todsünde, die meine unsterbliche Seele so befleckte, daß, wenn irgendeine Sünde *nicht* vergeben werden könnte, die unendliche Gnade des allbarmherzigen Gottes sich *meiner* Seele nicht erbarmen könnte.

In der auf diese grausame Tat folgenden Nacht wurde ich durch Feueralarm aus dem Schlafe aufgeschreckt. Meine Bettvorhänge brannten. Das ganze Haus stand in Flammen. Mit knapper Not entrannen wir, meine Frau, unsere Magd und ich, dem Feuertode. Alles wurde vernichtet. Meine ganze irdische Habe war dahin, und ich überließ mich von nun an haltloser Verzweiflung.

Ich habe nicht die Schwäche, zwischen meiner Schandtat und diesem Unglück einen Zusammenhang, wie etwa Ursache und Wirkung, suchen zu wollen. Da ich aber eine Kette von Tatsachen anführe, so glaube ich, auch das allerkleinste Glied nicht unerwähnt lassen zu dürfen. An dem Tage nach dem Brande besichtigte ich die Trümmerstätte. Die Mauern waren bis auf eine eingestürzt. Dies war eine nicht sehr starke Scheidewand, ungefähr aus der Mitte des

Hauses, gegen die das Kopfende meines Bettes gelehnt hatte. Sie hatte der Einwirkung des Feuers hartnäckig widerstanden, eine Tatsache, die ich dem Umstand zuschrieb, daß dort der Bewurf erst kürzlich erneuert worden war. Vor dieser Mauer stand eine dichte Menschenmenge, und einzelne Personen schienen eine bestimmte Stelle eingehend und aufmerksam zu untersuchen. Die Worte ›sonderbar!‹ ›seltsam!‹ und andere ähnliche Ausrufe erregten meine Neugier. Ich trat heran – und sah auf die helle Fläche eingedrückt das Reliefbild einer großen Katze. Der Abdruck war erstaunlich naturgetreu. Um den Hals des Tieres lag ein Strick.

Als ich zuerst diesen Höllenspuk erblickte – denn für etwas anderes konnte ich es nicht halten –, geriet ich außer mir vor Staunen und Entsetzen. Schließlich aber kam mir die Überlegung zu Hilfe. Der Garten, in dem ich die Katze erhängt hatte, lag dicht bei dem Hause. Auf den Feuerlärm hin war sofort eine Menschenmenge in den Garten eingedrungen, und irgendeiner mußte dort das Tier abgeschnitten und durch das offenstehende Fenster in mein Zimmer geworfen haben, wahrscheinlich in der guten Absicht, mich dadurch aus dem Schlaf zu wekken. Durch stürzendes Mauerwerk war das Opfer meiner Grausamkeit in die Masse des frisch aufgetragenen Bewurfs eingedrückt worden, und der Kalk dieses letzteren in Verbindung mit der Brandglut und dem Ammoniak des Kadavers hatten dann das Reliefbild so wunderbar geprägt, wie es nun zu sehen war.

Obgleich ich dieser eigenen vernünftigen Erklärung bereitwillig Glauben schenkte, konnte mein Gewissen sich nicht so leicht beruhigen, und das Ereignis lastete schwer auf meiner Seele. Monatelang beschäftigte sich meine Phantasie mit der Katze, und es erwachte in mir ein Gefühl, das beinahe Reue sein konnte. Es kam so weit, daß ich den Verlust des Tieres bedauerte und mich in den Spelunken, in denen ich mich jetzt meistens herumtrieb, nach einer anderen Katze umsah, die der ermordeten möglichst ähnlich sein und deren Platz bei mir ausfüllen sollte.

Als ich einmal in der Nacht halb stumpfsinnig vor Trunkenheit in einer ganz gemeinen Schnapskneipe saß, wurde ich plötzlich auf einen schwarzen Gegenstand aufmerksam, der oben auf einem riesenhaften Oxhoft Branntwein oder Rum, dem Hauptmöbel der dunstigen Höhle, thronte. Da ich schon einige Minuten lang stier auf die Höhe des Fasses geblickt hatte, war ich jetzt erstaunt darüber, daß ich den Gegenstand dort oben nicht schon früher bemerkt hatte. Es war eine schwarze Katze – eine sehr große –, gerade so groß wie die ermordete und dieser auch in allem ähnlich – bis auf eins: die meine hatte nicht ein einziges weißes Haar an ihrem ganzen Körper, diese Katze aber hatte einen großen, allerdings nicht scharf abgegrenzten weißen Fleck, der fast die ganze Brust bedeckte.

Als ich sie berührte, erhob sie sich sofort, schnurrte laut, rieb sich an meiner Hand und schien von der Beachtung, die ich ihr schenkte, entzückt zu sein. Das war also ganz ein Geschöpf, wie ich es suchte. Ich bot dem Wirt sofort an, ihm das Tier abzukaufen; der aber erhob keinen Anspruch auf die Katze: er kenne sie gar nicht – habe sie nie vorher gesehen.

Ich liebkoste das Tier, und als ich mich zum Heimgehen anschickte, zeigte es Lust, mich zu begleiten. Das erlaubte ich ihm. Unterwegs beugte ich mich manchmal zu ihm nieder und streichelte es. In meinem Hause fühlte sich die Katze sofort heimisch, und auch mit meiner Frau war sie vom ersten Tage an sehr befreundet.

In mir aber regte sich bald eine Abneigung gegen die Katze; das war gerade das Gegenteil dessen, was ich erwartet hatte, aber – ich weiß nicht, wie und weshalb es so kam – ihre aufdringliche Liebe zu mir war mir unangenehm, ja sogar zuwider. Nach und nach steigerte sich dieses Gefühl der Abneigung und des Ekels bis zu bitterstem Haß. Ich ging dem Vieh aus dem Wege; was mich davon zurückhielt, es zu mißhandeln, war allein ein gewisses Schamgefühl und die Erinnerung an meine frühere Greueltat. Einige Wochen lang konnte ich mich noch so weit beherrschen, die Katze weder zu schlagen noch sonstwie absichtlich schlecht zu behandeln, aber allmählich – mit jedem Tage mehr – sah ich sie nur noch mit unaussprechlichem Abscheu und floh bei ihrem unerträglichen Anblick entsetzt davon, wie vor dem Gifthauch der Pestilenz.

Was meinen Haß gegen das Katzenvieh zweifellos genährt hatte, war eine Entdeckung gewesen, die ich sofort, nachdem ich es zu mir genommen, gemacht hatte – die Entdeckung, daß es, wie die erste Katze, um eines seiner Augen beraubt war. Für meine Frau hingegen, die, wie ich schon sagte, jene unendliche Herzensgüte besaß, die auch mich einst auszeichnete und mir viele reine und harmlose Freuden gebracht hatte, war dies nur ein Grund mehr, das Tier zu lieben.

Mit meiner Abneigung gegen die Katze schien deren Vorliebe für mich nur zu wachsen. Sie folgte meinen Schritten mit einer unbeschreiblichen Beharrlichkeit, von der man sich kaum einen Begriff machen kann. Wenn ich mich setzte, kroch sie unter meinen Stuhl oder sprang auf meine Knie und belästigte mich mit ihren widerwärtigen Liebkosungen. Wenn ich aufstand, um fortzugehen, lief sie mir zwischen die Beine, so daß ich in Gefahr geriet, hinzufallen, oder sie hängte sich mit ihren langen und scharfen Krallen in meine Kleider und kletterte mir bis zur Brust hinauf. Obwohl ich mich dann stets versucht fühlte, sie mit einem Faustschlag umzubringen, schreckte ich doch davor zurück, teils im Gedanken an mein früheres Verbrechen, hauptsächlich aber – ich will es nur gleich bekennen – aus sinnloser Angst vor der Bestie.

Diese Angst war nicht gerade Furcht davor, daß mir das Tier irgendeine Verletzung zufügen könnte, aber ich wüßte auch nicht, wie ich sie anders erklären sollte. Ich kann nur mit Beschämung gestehen – ja, selbst in dieser Verbrecherzelle schäme ich mich dessen –, daß die

171

Gefühle des Schreckens und Entsetzens, die das Tier in mir hervorrief, durch ein Hirngespinst, wie man sich kaum eins närrischer denken kann, maßlos gesteigert wurden. Meine Frau hatte mich mehr als einmal auf die Form des weißen Brustfleckes aufmerksam gemacht, von dem ich bereits gesprochen habe und der das einzig sichtbare Unterscheidungsmerkmal zwischen dieser fremden und der von mir umgebrachten Katze bildete. Man wird sich meiner obigen Beschreibung entsinnen, wonach dieser Fleck, obschon er ziemlich groß war, ursprünglich nur undeutlich hervortrat; doch nach und nach, in kaum merklich fortschreitendem Wachstum – einem Vorgang, den meine Vernunft lange Zeit als reine Augentäuschung zu verwerfen strebte – wurde dieses Zeichen in scharfen Umrissen deutlich sichtbar. Es hatte nun die Form eines Gegenstandes, den ich nur mit Grausen nennen kann und dessen Abbild mich mehr als alles andere schreckte und entsetzte, so daß ich das Scheusal am liebsten umgebracht hätte, wenn ich nur den Mut dazu hätte finden können. Es war das Bild – so sei es denn herausgesagt – eines *Galgens*! – O schrecklich drohendes Werkzeug des greuelhaften Mordens – des martervollen Todes!

Und jetzt war ich wirklich elend – elend weit über alles Menschenelend hinaus. Und ein vernunftloses Vieh – von dessen Geschlecht ich eines verächtlich umgebracht hatte – ein vernunftloses Vieh konnte *mich* – mich, den Menschen, das Ebenbild Gottes – so unsäglich elend machen! Ach, ich kannte nicht mehr den Segen der Ruhe, weder bei Tag noch bei Nacht! Bei Tage ließ das Tier mich nicht einen Augenblick allein, und in der Nacht fuhr ich fast jede Stunde aus qualvollen Angstträumen empor, um den heißen Atem des Viehes über mein Gesicht wehen zu fühlen und den Druck seines schweren Gewichts – wie die Verkörperung eines Alpgespenstes, das ich nicht abzuschütteln vermochte – auf meiner Brust zu tragen.

Unter der Wucht solcher Qualen erlag in mir der schwache Rest des Guten. Böse Gedanken wurden die Vertrauten meiner Seele – schwarze, ekle Höllengedanken! Meine bisherige Stimmung schwoll an zu bösem Haß gegen alles in der Welt und gegen die ganze Menschheit; und meistens war es nun, ach! mein schweigend duldendes Weib, die das unglückliche Opfer meiner häufigen, plötzlichen und zügellosen Wutausbrüche wurde.

Eines Tages begleitete sie mich irgendeines häuslichen Geschäftes wegen in den Keller des alten Gebäudes, das wir in unserer Armut zu bewohnen genötigt waren. Die Katze folgte mir die Stufen der steilen Treppe hinab und war mir dabei so hinderlich, daß ich beinahe kopfüber hinuntergestürzt wäre. Das machte mich rasend. In sinnlosem Zorn vergaß ich die kindische Furcht, die meine Hand bisher zurückgehalten hatte, ergriff eine Axt und führte einen Hieb nach dem Tier, der augenblicklich tödlich gewesen wäre, wenn er sein Ziel getroffen hätte. Aber meine Frau fiel mir in den Arm. Diese Einmischung brachte mich in wahrhaft teuflische Wut. Ich entwand mich ihrem Griff und schlug die Axt tief in ihren Schädel ein. Sie brach lautlos zusammen.

Nachdem dieser gräßliche Mord geschehen war, machte ich mich sogleich und mit voller Überlegung daran, den Leichnam zu verbergen. Ich wußte, daß ich ihn weder am Tage noch in der Nacht aus dem Hause schaffen konnte, ohne dabei Gefahr zu laufen, von den Nachbarn beobachtet zu werden. Mancherlei Pläne schossen mir durch den Sinn. Zuerst dachte ich daran, den Körper in kleine Stücke zu zerhacken und diese durch Feuer zu vernichten. Dann beschloß ich, ihm im Boden des Kellers ein Grab zu graben. Ich überlegte mir aber auch, ob ich ihn nicht lieber im Hof in den Brunnen werfen sollte – oder ob ich ihn wie eine Ware in eine mit unauffälligen Aufschriften versehene Kiste packen und diese durch einen Träger fortschaffen lassen sollte. Endlich kam ich auf einen Gedanken, der mir der richtige Ausweg zu sein schien: ich entschloß mich, die Leiche in den Keller einzumauern – ganz so, wie es alten Erzählungen zufolge die Mönche des Mittelalters mit ihren Opfern gemacht haben mochten.

Zur Ausführung gerade dieses Planes war der Keller sehr geeignet. Die Mauern waren leicht gebaut und erst kürzlich mit einem groben Mörtel beworfen worden, der infolge der Feuchtigkeit der Kellerluft noch nicht hart geworden war. Überdies war an einer der Mauern ein Vorsprung, hinter dem sich ein unbenutzter Rauchschlot oder eine Feuerstelle befand und der neuerdings wieder ausgefüllt und den übrigen Wänden des Kellers gleichgemacht worden war. Ich zweifelte nicht daran, daß es mir leicht möglich sein würde, an dieser Stelle die Ziegelsteine herauszunehmen, den Leichnam in die Höhlung hineinzubringen und die Wand wieder zuzumauern, so daß kein Mensch etwas Verdächtiges entdecken könnte.

Und diese Berechnung täuschte mich nicht. Mit Hilfe eines Brecheisens gelang es mir mühelos, die Steine zu lockern; nachdem ich den Leichnam mit aller Vorsicht aufrecht gegen die innere Wand gelehnt hatte, stützte ich ihn in dieser Stellung fest und füllte das Mauerloch ohne Schwierigkeit wieder aus, genau so, wie es zuvor gewesen war. Ich hatte mir in aller Stille Mörtel, Sand und Haar zu verschaffen gewußt und stellte daraus einen Bewurf her, der von dem der anderen Wände nicht zu unterscheiden war; mit diesem bestrich ich sehr sorgfältig die neue Vermauerung. Als ich damit fertig war, fand ich zu meiner Befriedigung, daß nun alles in Ordnung sei. Man sah der Mauer nicht im geringsten an, daß sie aufgebrochen worden war. Den Schutt am Boden hatte ich mit peinlichster Sorgfalt entfernt. Triumphierend sah ich auf mein Werk und sagte zu mir selbst: ›Hier wenigstens ist deine Arbeit nicht umsonst gewesen.‹

Das nächste, was ich nun tat, war, mich nach der Bestie umzusehen, die so viel Elend veranlaßt hatte, denn ich hatte ihr inzwischen längst das Urteil gesprochen: sie mußte sterben! Hätte sie sich jetzt vor mir blicken lassen, so wäre es zweifellos sofort um sie geschehen gewesen; aber es schien, als ob das verschlagene Tier, noch beunruhigt durch meinen heftigen Wutausfall, es mit Absicht vermied, mir in meiner gegenwärtigen Stimmung vor die Augen zu kommen. Es ist unmöglich zu beschreiben oder auch nur sich vorzustellen, wie tief beruhigend das Gefühl der Erlösung war, das ich über die Abwesenheit der verhaßten Katze empfand. Auch in der Nacht ließ sie sich nicht blicken – und so schlief ich, seitdem ich sie in mein Haus gebracht hatte, wenigstens eine Nacht hindurch tief und ruhig; ja, ich *schlief*, selbst mit der Last des Mordes auf der Seele.

Der zweite und der dritte Tag verging, ohne daß mein Quälgeist zurückkehrte. Ich atmete wieder auf wie ein Befreiter. Der Schrecken hatte das Ungeheuer für immer vertrieben. Ich sollte es nie mehr erblicken! Meine Seligkeit war grenzenlos! Das Bewußtsein meiner schwarzen Tat störte mich nur wenig. Ein paar Nachfragen, die erhoben worden waren, hatte ich schlagfertig beantwortet. Selbst eine Haussuchung hatte stattgefunden – aber natürlich war nichts zu entdecken gewesen. Ich brauchte also für die Zukunft nichts mehr zu befürchten.

Am vierten Tage nach dem spurlosen Verschwinden meiner Frau kam ganz unerwartet eine Polizeikommission und begann von neuem, alle Räumlichkeiten gründlich zu durchsuchen. Ich war jedoch nicht im geringsten darüber beunruhigt, da ich sicher war, daß die Leiche in ihrem geheimen Versteck nicht entdeckt werden konnte. Die Beamten forderten mich auf, sie bei der Durchsuchung zu begleiten. Sie übersahen keinen Winkel, kein Versteck. Schließlich stiegen sie zum dritten- oder viertenmal in den Keller hinab. Ich blieb ruhig wie Stein. Mein Herz schlug so friedlich wie das eines Menschen, der in Unschuld schläft. Ich folgte den Herren von einem Ende des Kellers bis zum andern. Die Arme über der Brust verschränkt, ging ich festen Schrittes einher. Die Beamten waren vollkommen beruhigt und schickten sich an, fortzugehen. Die Freude meines Herzens war zu groß – ich mußte sie irgendwie äußern! Ich brannte darauf, wenigstens ein Wort des Triumphes auszurufen, das zugleich aber auch die Herren in ihrer Überzeugung von meiner Unschuld bestärken sollte.

»Meine Herren«, sagte ich, als sie bereits wieder die Kellerstufen emporstiegen, »ich bin entzückt, Ihren Verdacht zerstreut zu haben. Ich wünsche Ihnen viel Glück und ein wenig mehr Höflichkeit. Nebenbei bemerkt, meine Herren, dies – dies ist ein sehr gut gebautes Haus« (in dem verrückten Wunsch, irgend etwas Herausforderndes zu sagen, wußte ich kaum, was ich überhaupt redete), »ich möchte sagen, ein hervorragend gut gebautes Haus. Diese Mauern – gehen Sie schon, meine Herren? – diese Mauern sind solide aufgeführt.« Und hier – rein aus tollem Übermut – schlug ich mit einem Stock, den ich gerade bei der Hand hatte, kräftig auf die Stelle des Mauerwerks, hinter der sich die Leiche meines einst so geliebten Weibes befand.

Aber – möge Gott mir gnädig sein und mich retten aus den Krallen meines Erzfeindes! –

174

kaum war der Schall meiner Schläge verhallt, als eine Stimme aus dem Grabe mir Antwort gab. Es war ein Schreien, zuerst erstickt und abgebrochen wie das Weinen eines Kindes, dann aber schwoll es an zu einem ununterbrochenen, durchdringenden und unheimlichen Gekreisch, das keiner menschlichen Stimme mehr zu vergleichen war – zu einem bald jammervoll klagenden, bald höhnisch johlenden Geheul, wie es nur aus der Hölle kommen kann, wenn das Wehklagen der zu ewiger Todespein Verdammten sich mit dem Frohlocken der Höllengeister zu einem Schall vereint.

Es ist wohl überflüssig, noch davon zu sprechen, was ich in diesem Augenblick empfand. Ohnmächtig taumelte ich an die gegenüberliegende Mauer. Die Leute auf der Treppe standen regungslos, von Schreck und Entsetzen gelähmt. Im nächsten Moment aber arbeitete ein Dutzend kräftiger Hände daran, die Mauer einzureißen. Sie fiel. Der schon stark in Verwesung übergegangene und mit geronnenem Blut bedeckte Leichnam stand aufrecht vor den Augen der Männer. Auf seinem Kopfe saß, mit weit aufgesperrtem rotem Rachen und dem einen glühenden Auge, die fürchterliche Katze, deren teuflische Gewalt mich zum Mörder gemacht und deren Stimme mich nun den Henkern überlieferte. Ich hatte das Scheusal in das Grab mit eingemauert.

Johann Wolfgang von Goethe
Begünstigte Tiere

Vier Tieren auch verheißen war,
Ins Paradies zu kommen;
Dort leben sie das ew'ge Jahr
Mit Heiligen und Frommen.

Den Vortritt hier ein Esel hat,
Er kommt mit muntern Schritten:
Denn Jesus zur Propheten-Stadt
Auf ihm ist eingeritten.

Halb schüchtern kommt ein Wolf sodann,
Dem Mahomet befohlen:
Laß dieses Schaf dem armen Mann,
Dem Reichen magst du's holen.

Nun, immer wedelnd, munter, brav,
Mit seinem Herrn, dem braven,
Das Hündlein, das den Siebenschlaf
So treulich mit geschlafen.

Abuherriras Katze hier
Knurrt um den Herrn und schmeichelt:
Denn immer ist's ein heilig Tier,
Das der Prophet gestreichelt.

Johann Gottlieb Willamow
Die Katze, die alte und die junge Maus

Die Katze
Du allerliebstes kleines Tier!
Komm' doch ein wenig her zu mir.
Ich bin dir gar zu gut. Komm', daß ich dich nur küs

Die alte Maus.
Ich rate dir's, Kind, gehe nicht!

Die Katze.
So komm' doch! Siehe, diese Nüsse
Sind alle dein, wenn ich dich einmal küsse.

Die junge Maus.
O Mutter, höre doch, wie sie so freundlich spricht,
Ich geh' – –

Die alte Maus.
Kind, gehe nicht!

Die Katze.
Auch dieses Zuckerbrot und schöne Sachen
Geb' ich dir, wenn du kömmst.

Die junge Maus.
　　　　　Was soll ich machen?
O Mutter, laß mich gehn!

Die alte Maus.
　　　Kind, sag' ich, gehe nicht!

Die junge Maus.
Was wird sie mir denn tun? Welch ehrliches Gesicht!

Die Katze.
Komm', kleines Närrchen, komm'!

Die junge Maus.
Ach Mutter, hilf! Ach weh!
Sie würgt mich. Ach, die Garstige!

Die alte Maus.
Nun ist's zu spät, da dich das Unglück schon betroffen.
Wer sich nicht raten läßt, hat Hilfe nicht zu hoffen!

Charles Baudelaire
Die Katze

Komm, schöne Katze, und schmiege dich still
An mein Herz, halt zurück deine Kralle.
In dein Auge ich träumend versinken will,
Drin Achat sich verschmolz dem Metalle.

Wenn meine Hand liebkosend und leicht
Deinen Kopf und den schmiegsamen Rücken,
Das knisternde Fell dir tastend umstreicht
Sanft, doch berauscht vor Entzücken,

Dann seh' ich sie. Und ihres Blickes Strahl
Er scheint dem deinen, schönes Tier, zu gleichen,
Ist tief und kalt, scharf wie geschliffner Stahl,

Und feine Düfte fühl' ich zitternd streichen,
Gefährlich süßen Hauch, der gluterfüllt
Den braunen Leib von Kopf zu Fuß umhüllt.

Hilaire Belloc
Konversation mit einer Katze

Neulich ging ich in eine Bahnhofsgaststätte und ließ mich mit einem Glas Bier allein an einem kleinen Tisch nieder, um über die notwendige, aber tragische Isolierung der menschlichen Seele zu meditieren. Ich begann meine Meditation, indem ich mich mit der Wahrheit tröstete, daß etwas Gemeinsames die ganze Natur durchziehe, aber ich fuhr mit der Überlegung fort, daß hiermit keine Schranken zu durchbrechen seien und daß das Herz etwas mehr braucht. Vielleicht hätte ich bei intensiver Forschung einen dritten Begriff entdeckt, etwas weniger abgedroschen als diese beiden, da sandte mir das Schicksal – oder irgendein guter Geist oder Zufall oder der Ozean und mein guter Stern – eine lohfarbene, seidige, langhaarige Katze.

Wenn es stimmt, daß jedes Volk die Katzen hat, die es verdient, dann müssen die Engländer sich recht verdient machen, denn derart glückliche und freundliche Katzen gibt es nirgends sonst auf der Welt. Doch sogar für eine englische Katze war diese Katze außergewöhnlich freundlich und vortrefflich – besonders freundlich. Sie sprang mit einem graziösen Satz auf meinen Schoß, schmiegte sich dort an, streckte eine hübsche rechte Vorderpfote aus, um zur Begrüßung mit reizender Schüchternheit meinen Arm zu berühren, hob den Blick mit strahlender, doch unschuldiger Zuneigung und lächelte dann ein geheimes, zustimmendes Lächeln.

Sogar der Schüchternste wird auf eine solche Annäherung irgendeine Form der Erwiderung finden. So auch ich. Ja, ich nahm mir die Freiheit, Amathea zu streicheln (mit diesem Namen bedachte ich die Erscheinung), und wenn ich diese Geste auch auf respektvolle Art begann – korrekte Höflichkeit im Umgang mit Fremden –, so legte ich doch bald einige Wärme hinein, denn ich war gerührt, einen Freund gefunden zu haben, und das hier, in S.W. 99 an der Endstation der Untergrundbahn. Von der Liebkosung ging ich (wie es sich ziemt) zur Rede über und sprach: »Amathea, schönste der Katzen, wie kommt es, sag, daß du geruhst, mich zu solchem Gunstbeweise zu erküren? Hast du in mir einen Freund alles Atmenden erkannt, oder littest du selber unter Einsamkeit (obwohl ich annehme, daß du ganz in der Nähe ein trautes Heim hast), oder gibt es Mitleid in den Herzen der Tiere wie in den Herzen einiger Menschen? Was sonst war dein Beweggrund? Oder ist's töricht von mir, zu fragen – wär es vielleicht besser, offenen Armes zu empfangen, was die Götter und wie sie mir Gutes gewähren?«

Auf all diese Fragen antwortete Amathea mit einem vernehmlichen Schnurren, durch das sie, mit lustvoll geschlossenen Augen, ihrem Entzücken über unsere Begegnung Ausdruck verlieh.

»Ich bin mehr als geschmeichelt, Amathea«, gab ich zur Antwort. »Ich habe Trost gefunden. Ich wußte ja nicht, daß es auf der Welt ein Atmendes, sich Bewegendes gibt, und gar ein so Lohfarben-Vollkommenes, das ohne Berechnung Gesellschaft leistet und unter allen Lebewesen sich fühlend den einen Gefährten erwählt. Wenn du nicht in Worten zu mir sprichst, so weiß ich den Grund, und ich lobe ihn mir; denn in den Worten liegt der Same zur Zwietracht, und die Liebe, wo sie am tiefsten, ist stumm. So jedenfalls las ich's in einem Buch, Amathea; ja, erst vor kurzem. Doch muß ich bekennen, daß mir das Buch nichts von jenen Gebärden erzählte, die allen Worten weit überlegen; oder von der Liebkosung, die ich mit der ganzen Dankbarkeit meines armen Herzens dir schenke.«

Hier äußerte Amathea, ohne Geringschätzung, huldvoll ihr Gefallen, indem sie ihren Kopf ein wenig wiegte und ihn dann tief zufrieden niederlegte.

»Oh, schönhaarige Amathea, viele haben dich gepriesen, eh du mich fandest, daß ich dich preise, und viele werden dich preisen, manche in deiner eigenen Sprache, wenn ich nicht mehr Gefangener deiner Gegenwart bin. Keiner jedoch wird dich aufrichtiger preisen, denn unter den Lebenden kennt keiner besser als ich den vierfachen Zauber der Katze: ihre geschlossenen Augen, ihr langes, liebliches Haar, ihr Schweigen, ja und auch ihre geheuchelte Liebe.«

Doch bei dem Wort ›geheuchelt‹ hob Amathea den Kopf, blickte zärtlich zu mir auf, rührte erneut mit der Pfote an meinen Arm und ließ sich dann wieder zu schnurrender Seligkeit nieder.

»Du bist im Sichern«, sprach ich mit Trauer; »dir ist das Sterben nicht gegeben, mit ihm zu leben. In deiner Selbstzufriedenheit ist kein Vorherwissen des Todes, nicht einmal das einer Trennung. Und dies ist der Grund, weshalb ich dich, Katze, um so willkommener heiße. Denn wenn's deiner Art ist gegeben, dieses Ruhen im alltäglichen Leben, nun, dann können auch wir's vielleicht finden, wir Menschen, indem wir euerm Beispiel folgen und nicht zu sehr bedenken, was sein wird, und nicht zu sehr erinnern, was war und nimmer wiederkehrt. Auch dafür sag ich dir Dank, Amathea, mein süßer Euplokamos« (denn ich wurde etwas ungezwungen, da die Bekanntschaft schon volle fünf Minuten währte und keinerlei Widerspenstigkeit barg), »daß du mich an meine Jugend erinnert hast und sie, schattenhaft und schnell entschwunden, mir wiedergabst. Denn auch die elende Rasse der Menschen kennt eine Zeit, die gesegnete Zeit der Jugend (o meine Katze), da alle Dinge eins sind und übereinstimmend mit dem Leben des Körpers, da der Schlaf lang ist und regelmäßig und tief, da Feindschaften entweder unbekannt sind oder ein Grund zur Versöhnung und da die Gesamtheit des Seins wohlverwahrt in Hoffnung ruht, so, wie du bei mir auf dem Schoß, Amathea. Ja, auch wir kennen Frieden, wir von der fluchbeladenen Rasse. Doch während ihr ihn von blinden Kätzchentagen an besitzt bis hin zu jenem letzten dunklen Tage, der euch so gnädig kurz ist, erhaschen wir ihn nur für eine grausam knappe Weile. Jedoch, ich will dich nicht mit der Klage des wissend Todgeweihten betrüben. Das wäre nun wirklich Verrat und gemeine Vergeltung für deine Güte. Was! Mich hast du aus sieben Londoner Millionen erkoren, um mir allein den zarten Trost des Herzens zu erweisen, dich hast du so plötzlich zu meinem teuren Gefährten erklärt – soll ich dich da mit den Leiden jener belasten, von denen du nichts weißt, es sei denn dieses: daß sie dir Dach und Nahrung geben und an dir vorübergehn? Du hältst uns wenigstens nicht für Götter, wie es die Hunde tun, und um so tiefer bin ich dir verbunden für diesen kleinen Dienst der Anerkennung – und etwas mehr.«

Amathea hob sich gemächlich auf ihre vier Füße, krümmte den Rücken, gähnte, blickte mit einem Lächeln nie gesehener Süße zu mir auf und drehte sich im Kreise, um sich auf meinem Mantel ein neues Lager zu bereiten, worauf sie sich dann niederließ und in eingefriedeter Verzückung von neuem schnurrte. Schon war ich sicher, daß mir aus der Leere und dem Nichts der Welt eine tief gründende, fest verankerte Zuneigung gekommen sei, die meine Seele fortan nähren werde; schon war die Düsternis der langen Jahre fort und hatte einer Bekehrung zum Leben Platz gemacht, einer Aufgeschlossenheit, einer Freundschaft mit dem Licht der Schöpfung – und all dieses durch ein neues Band liebevoller Güte –, als jener, wer's auch sein mag, der den Kelch der Lust dem Sterblichen vom Munde schlägt (Tupper), aufstand und zu hartem Schlag ausholte. Es war der alte Feind, der den verhängnisvollen Satz ins Herz mir eingab, denn wir alle sind Spielzeug der größeren Mächte, und von ihnen sind gewißlich einige böse.

»Niemals wirst du mich verlassen, Amathea«, sagte ich; »ich werde deinen Schlaf behüten, und in Zeit und Ewigkeit werden wir hier sitzen; ich halte dich in meinen Armen, und du träumst von paradiesischen Gefilden. Und nichts wird uns trennen, Amathea; du bist meine Katze, und ich bin dein Mensch. Von hier an vorwärts in die Fülle des Friedens.«

Da erhob Amathea sich wieder, und mit einer sanften, besonnenen, schwerelosen Bewegung vollkommener Glieder sprang sie, wie eine Woge so glatt, leichtfüßig zu Boden. Ohne mir nur einen Blick zu gönnen, ging sie langsam fort; sie hatte etwas andres im Sinn; und als sie sich anmutsvoll und majestätisch der Tür näherte, der sie zustrebte, sagte ein kleiner, unangenehmer Mann an der Theke »Puß, Puß, Puß!« und bückte sich, um sie sacht hinterm Ohr zu kraulen. Mit welchem Übermaß an Zuneigung, so rein und tief, sie zu ihm aufblickte! Und dann rieb sie sich an seinem Bein – Zeichen und äußerer Ausdruck einer geheiligten Freundschaft, die nie und nimmer enden würde.

Gustav Schwab

Wie durch eine Katze ganz Schilda abbrannte

In Schilda hatte es von alters her nie eine Katze gegeben, so daß es kein Wunder war, daß die Mäuse immer mehr zunahmen und selbst im Brotkorb nichts mehr vor ihnen sicher war. Was die Schildbürger nur neben sich stellten, wurde von den Tieren zernagt, und die Angst vor ihnen war groß. Da begab es sich, daß ein fremder Wandersmann durch Schilda kam. Er trug eine Katze auf dem Arm und kehrte beim Wirt ein. Der Wirt fragte ihn, was dies für ein Tier sei, und der Fremde sagte, es sei ein Maushund. Nun waren die Mäuse in Schilda so zahm, daß sie vor den Leuten gar nicht mehr flohen und am hellen Tag ohne Scheu hin und her liefen. Darum ließ der Wandersmann die Katze laufen, und sie erlegte vor den Augen des Wirts nicht wenige der Mäuse. Als der Gemeinde dies durch den Wirt gemeldet wurde, fragten die Schildbürger den Mann, ob ihm der Maushund wohl feil wäre, sie wollten ihn gut bezahlen. Er antwortete, der Maushund sei ihm zwar eigentlich nicht feil, weil er ihn zu gut gebrauchen könne, aber ihnen wolle er ihn doch für einen billigen Preis ablassen. Und so forderte er hundert Gulden dafür. Die Bauern waren froh, daß sie ihm die Hälfte sofort bezahlten, die andere Hälfte sollte er sich in einem halben Jahr holen kommen. Der Kauf wurde eingeschlagen, und der Fremde trug den Schildbürgern den Maushund in das Vorratshaus, in dem sie ihr Getreide liegen hatten, denn dort waren die meisten Mäuse. Der Wanderer aber zog eilig mit dem Geld davon, denn er befürchtete, der Kauf möchte sie reuen und sie möchten ihm das Geld wieder abnehmen. Nun hatten aber die Bauern vergessen, zu fragen, was der Maushund esse. Darum schickten sie dem Wanderer eiligst einen nach, der ihn danach fragen sollte. Als nun der mit dem Gelde sah, daß ihm jemand nachlaufe, eilte er nur um so mehr. Der Bauer aber rief ihm von ferne zu: »Was isset er? Was isset er?« Der Fremde antwortete: »Wie man's beut! Wie man's beut!« Der Bauer aber verstand: »Vieh und Leut! Vieh und Leut!« Er kehrte sehr bestürzt um und brachte dem Rat die furchtbare Nachricht. Die Ratsherren waren noch viel mehr erschrocken und sprachen: »Wenn er keine Mäuse mehr hat, dann wird er unser Vieh fressen und endlich uns selbst, obgleich wir ihn mit unserem guten Geld für uns gekauft haben!« Sie hielten deswegen einen Rat über die Katze und wollten sie töten. Es hatte aber keiner das Herz, sie anzugreifen. Endlich beschlossen sie einmütig, das Haus, in dem die Katze sich befand, mit zu vertilgen. Denn ein geringer Schaden wäre besser, als daß sie alle um Leib und Leben kämen. Und somit zündeten sie ihr Vorratshaus an.

Als aber die Katze das Feuer roch, sprang sie zum Fenster hinaus und rettete sich in ein anderes Haus, während das verlassene bis auf den Erdboden niederbrannte. Niemand war in größerer Angst als die Schildbürger, da sie des Maushundes nicht Herr werden konnten. Sie hielten aufs neue Rat, kauften das Haus, in dem die Katze jetzt war, und zündeten es auch an. Aber die Katze sprang auf ein Dach, saß da eine Weile und putzte sich nach ihrer Gewohnheit mit der Pfote den Kopf. Die Schildbürger aber meinten, der Maushund hebe die Hand auf und schwöre, daß er solches nicht ungerächt lassen wolle. Da nahm einer einen langen Spieß, um nach der Katze zu stechen. Diese aber ergriff den Spieß und fing an, daran hinabzulaufen. Darüber entsetzten sich die Bürger und die ganze Gemeinde, liefen davon und ließen das Feuer brennen. Dieses verzehrte den ganzen Marktflecken bis auf das letzte Haus, die Katze aber kam gleichwohl davon.

Die Schildbürger aber, die so ihre Heimat verloren hatten und sich auch vor der Rache des Maushundes fürchteten, zogen auseinander, der eine hierhin, der andere dorthin. Und seitdem gibt es Schildbürger in der ganzen Welt.

Alfred Andersch

Grausiges Erlebnis eines venezianischen Ofensetzers

Giuseppe Rossi, der Ofensetzer und Kaminspezialist, war hereingekommen, gestern abend, in Ugos Bar und hatte einen Grappa bestellt. Alle, die zu Ugos Bar gehörten, mochten Giuseppe gern, obwohl er etwas unheimlich aussah, mit seinem bleichen, mageren Gesicht und den schwarzen Rissen darin. Giuseppe hatte keine Falten im Gesicht, sondern Risse. Er sah aus wie einer, der viel mit Eisen arbeitet, vor allem aber sah er aus wie das Innere eines Kamins, wie eine dieser Höhlen, die bleich und verwischt sind und in deren Spalten und Mauerfugen sich der Ruß absetzt. Giuseppe kannte viele von diesen geheimen Gängen in Venedigs Häusern.

»Seit wann trinkst du denn eigentlich Schnaps?« hatte Ugo ihn erstaunt gefragt. »Kenn ich ja gar nicht an dir!«

Alle sahen, wie Giuseppe sich schüttelte, nachdem er einen Schluck von dem Grappa getrunken hatte.

»Mein ganzes Abendessen hab ich heute wieder ausgekotzt«, sagte er.

»Geh zum Doktor!« hatte Fabio gemeint, »wenn du was am Magen hast.« Man kann es Giuseppe Rossi nicht ansehen, ob er krank ist, hatte er überlegt; er sieht so bleich aus wie immer.

»Ich war für heute nachmittag zu den Salesianern in San Alvise bestellt«, sagte Giuseppe, anstatt Fabios Aufforderung zu beantworten.

»Hat das was mit deinem Unwohlsein zu tun?« fragte Ugo.

»An der Pforte erwartete mich einer, der war so groß wie du«, sagte Giuseppe, zu Ugo gewendet. »Aber er sah ganz anders aus. Er sah aus wie der liebe Gott persönlich.«

»Einen lieben Gott gibt's nicht«, sagte Ugo gekränkt und beinahe wütend. Seine weiße Goliathschürze bewegte sich heftig, aber seine Pranken spülten die Gläser so zart wie immer. »Den hat's noch nie gegeben. Und wenn's ihn gibt, dann möchte ich nicht so aussehen wie der.«

»Nachher hab ich gemerkt, daß er der Prior ist«, erzählte Giuseppe. »Er führte mich ins Refektorium und sagte mir, der Kamin zöge seit ein paar Wochen nicht mehr richtig, der Rauch drücke in den Saal. Als wir im Refektorium standen, kam der Kater herein«, fügte er hinzu.

»Ein Kater?« fragte Fabio verwundert, weil Giuseppe Rossi eine so alltägliche Sache so betont vorbrachte.

»Ein gelbes Riesenvieh«, antwortete Giuseppe. »Ich kann diese gelbe Sorte Katzen nicht leiden.«

»Weil sie keine Weiber haben, die Schwarzen, haben sie Katzen«, sagte Ugo.

»Er strich erst um den Prior herum. Die Salesianer tragen diese glatten schwarzen Kutten. Es sind eigentlich keine Kutten, es sind Soutanen.« Nachdenklich sagte er: »Die Salesianer sind sehr gelehrte Patres. Der Prior sah aus wie ein sehr gelehrter Herr.«

»Ich denke, er sah aus wie der liebe Gott, den es gar nicht gibt?« warf Ugo spöttisch dazwischen.

»Ja, wie der liebe Gott und wie ein sehr gelehrter Herr. Er sah nicht aus wie…«, Fabio bemerkte, daß Giuseppe einen Moment zögerte, »…wie Petrus.«

»Aha«, sagte Ugo, »und davon ist dir also schlecht geworden?«

»Aber nein«, sagte Giuseppe. »Kannst du nicht warten?« Er war mit seinen Gedanken so sehr bei seiner Geschichte, daß er die Verachtung in Ugos Stimme überhaupt nicht bemerkte. »Der Kater«, berichtete er, »strich einmal mit seinem ekelhaften Gelb um die Soutane des Priors herum, und dann stellte er sich vor den Kamin und schrie mit seiner widerwärtigen Stimme den Kamin an. Natürlich habe ich zu diesem Zeitpunkt gar nicht darauf geachtet, es fiel mir erst nachher auf. Ich sah mir den Kamin an, es war kein richtiger, ganz offener Kamin mehr, sondern sie hatten einen dieser eisernen Ventilationskästen eingebaut und ihn nach oben dicht gemacht, bis auf eine Klappe über dem Feuerrost, der Kamin mußte also ziehen. Ich fragte den Prior, wie lange sie den Kasten schon drin hätten, und er sagte ›Drei Jahre‹, und da sagte ich, dann wären wahrscheinlich nur die Rohre und die Öffnung, die durch die Mauer nach außen führe, hinter dem Kasten, verschmutzt. Er sagte, das habe er sich auch gedacht. Ich fragte ihn, was hinter der Mauer sei, und er antwortete ›Der Rione‹, und die Öffnung sei mindestens drei Meter über dem Wasser in der Wand, man käme von außen nicht dran. Ich sagte, wenn das so sei, dann müsse ich den ganzen Kasten herausnehmen. Ich solle nur das machen, was ich für richtig halte, sagte er, aber ich solle mich beeilen, sie könnten kaum noch essen im Refektorium vor Qualm. Und während der ganzen Zeit, in der wir uns unterhielten, schrie das gelbe Vieh von Zeit zu Zeit vor dem Kamin herum. Wenn nicht dieser vornehme Pater Prior dabeigewesen wäre, hätte ich ihm einen Tritt gegeben.«

Alle, die gerade in Ugos Bar waren, hörten jetzt Giuseppe zu. Der Ofensetzer trank den Grappa aus und schüttelte sich wieder. Ohne ein Wort zu sagen, schob Ugo ihm ein Glas Rotwein hin.

»Ich untersuchte den Kasten. Bei solchen Kästen sollte nur die Basis mit dem Feuerrost einzementiert sein, und der Kasten soll daraufgesetzt und gut eingepaßt werden, so daß man ihn jederzeit abnehmen kann. Aber die meisten machen es falsch und schmieren auch um die untere Fuge des Kastens Zement. Stümper!« Er schwieg einen Augenblick erbittert, ehe er fortfuhr: »Ich fing also an, den Zementkranz unten wegzuschlagen. Der Prior war hinausgegangen, aber ein paar Mönche waren hereingekommen und sahen mir bei der Arbeit zu, weshalb ich den Kater nicht hinausjagen konnte, der sich ein paarmal wie ein Verrückter benahm und den glatten Eisenkasten hinaufwollte. Er war so groß wie ein Hund...«

»... und so fett wie ein Schwein«, unterbrach ihn Ugo. »Er war sicher so fett wie alle diese fetten, kastrierten Klosterkater.«

»Nein«, sagte Giuseppe, »er war überhaupt nicht fett. Er war auch bestimmt nicht kastriert. Alles an ihm war Muskeln, und er war so groß wie ein mittlerer Hund, und auf einmal bekam ich Angst vor ihm. Ich mußte ihn auf einmal ansehen, und als ich sein Gesicht sah und seine Muskeln, da sah ich, daß ich ihn nicht hätte verjagen können. In diesem Augenblick bemerkte ich, daß wieder der Pater Prior neben mir stand, obwohl ich nur seine Füße sehen konnte, denn ich kniete unter dem Kaminbalken, und ich hörte, wie er sagte: ›Was hat das Tier nur?‹ ›Vielleicht wittert es Mäuse‹, hörte ich einen von den Mönchen sagen. Ich mußte grinsen, da unten, in meinem Kamin, und ich wollte schon etwas sagen, aber der Prior nahm es mir ab. ›Unsinn‹, sagte er, ›wenn eine Katze Mäuse wittert, verhält sie sich ganz still.‹ Ich dachte, das ist nicht nur ein gelehrter Herr, sondern ein Mann, der wirklich etwas weiß. Man kann sehr gelehrt sein und doch nicht wissen, wie eine Katze sich benimmt, wenn sie ein Mäuseloch findet.«

»Mach weiter!« sagte Ugo. »Wir wissen schon, daß er der liebe Gott persönlich war.«

»Ich hatte den Zementkranz bald losgeschlagen und richtete mich auf, um den Kasten herauszuheben, aber das war gar nicht so einfach, er war schwer, und das Eisen war eingerostet, und ich brauchte eine ganze Weile, bis ich ihn richtig gelockert hatte. Während der ganzen Zeit stand dieses gelbe Vieh neben mir, ich sage, es stand, es saß nicht, wie eine normale Katze, die auf etwas wartet, sondern es stand auf gestreckten Beinen, und ich sah, daß es die Krallen herausgestreckt hatte. Ich bat einen der Mönche, mir zu helfen, den Kasten wegzurücken, und während wir ihn anfaßten und begannen, ihn zur Seite zu schieben, mußte ich nun doch dem Kater einen Tritt geben, weil er nicht von meinen Füßen wegging. Er flog ein paar Meter in den Saal hinein, richtete sich fauchend wieder auf und sah mich an, als wolle er sich auf mich stürzen.« Giuseppe Rossi unterbrach sich. »Ich glaube, ich sollte doch nicht weitererzählen«, sagte er. »Es ist zu unappetitlich.«

»Wir sind hier alle sehr zart besaitet«, sagte Ugo und blickte auf die Männer, die vor dem Bartisch standen. »Und vor allem haben wir es sehr gern, wenn einer mitten in einer Geschichte aufhört.«

»Nun bring schon die Leiche hinter deinem Kamin heraus!« sagte Fabio. »Wir sind darauf gefaßt.«

»Keine Leiche«, sagte Giuseppe. »Wir hatten also gerade den Kasten weggerückt, der Mönch und ich, da sah ich schon, daß die Luftöffnung nach draußen ganz verstopft war. Der Kamin konnte nicht mehr ziehen, so verstopft war sie. Mit Stroh und allerhand Dreck. Und ich merkte, daß sich etwas darin bewegte. Zuerst konnte ich nichts erkennen, weil der Luftschacht ganz dunkel war von all dem Zeug, das sich darin befand, aber dann sah ich etwas Spitzes, Helles, das sich bewegte. Eine Rattenschnauze.«

Er griff nach dem Weinglas, aber er trank nicht daraus, sondern setzte es nach einer Weile wieder auf die Zinkplatte des Tisches.

»Ich zog mich ein wenig zurück«, fuhr er fort, »und war gerade dabei, dem Prior zu sagen, was ich bemerkt hatte, als der Kater auch schon heran war. Er schoß wie eine Kugel auf die jetzt freigelegte hintere Wand des Kamins zu, und ich dachte, er wäre mit einem Satz im Luftschacht drin, aber statt dessen bremste er ganz plötzlich ab und duckte sich unter dem Loch auf dem Boden, er lag mit dem Bauch auf dem Boden, hatte seine Vorderpfoten ausgestreckt und den Kopf nach oben gerichtet, während sein Schwanz ganz gerade von ihm abstand. Er war völlig unbeweglich, und ich glaube, die Mönche und der Prior und ich, wir alle waren genauso erstarrt, denn im Eingang des Schachts war eine Ratte erschienen… eine Ratte, sage ich…«

Der Ofensetzer starrte auf die Wand hinter Ugo, und Fabio hätte sich nicht gewundert, wenn in seinen Pupillen das Doppelbildnis der Ratte, die er gesehen hatte, erschienen wäre.

»In meinem Beruf hat man häufig mit Ratten zu tun«, sagte Giuseppe. »In meinem Beruf und in einer Stadt wie der unseren. Aber ihr dürft mir glauben, wenn ich sage, daß ich so ein Trumm von einer Ratte noch nie gesehen habe. Sie stand da oben, im Eingang ihres Lochs, und sie füllte das Loch völlig aus. Wie sie jemals hinter dem Ofen herausgekommen ist – denn sie muß ja nachts herausgekommen sein –, ist mir völlig schleierhaft. Na, jedenfalls sie stand da oben, ihr Fell war nicht grau, sondern weiß, ein schmutziges, scheußliches Weiß, und der gelbe Kater stand unter ihr und stieß ein Knurren aus. Aber während ich nicht den Kopf wegdrehen konnte, sagte der Pater Prior zu einem der Mönche: ›Pater Bruno, holen Sie eine Schaufel!‹ Und er fügte hinzu: ›Schließen Sie die Türe, wenn Sie hinausgehen und wenn Sie wieder hereinkommen!‹ Ich muß sagen, der Mann hatte die Ruhe weg.

Dann ging alles sehr schnell, und ich kann euch sagen, die schwarzen Soutanen der Mönche tanzten nur so an den weißen Wänden des Refektoriums entlang, als die Ratte herunterkam. Ich bin auch gesprungen, und nur der Pater Prior ist ganz ruhig stehen geblieben und sah sich die Sache an. Die Ratte machte zuerst einen Fluchtversuch, aber der Kater hatte natürlich ganz schnell seine Krallen in ihrem Rücken, und da entschloß sie sich und griff ihn an. Sie hatte einfach keine andere Wahl. Jetzt, wo sie im Saal war, konnte man sehen, wie groß sie war. Sie war natürlich nicht so groß wie der Kater, aber für eine Ratte war sie enorm groß. Sie war ein Ungeheuer, sie war ein schmutziges weißes Ungeheuer, fett und rasend, und der Kater war ein Ungetüm, ein gelbes, widerwärtiges, muskulöses Ungetüm. Habt ihr schon mal gesehen, wie eine Ratte eine Katze angreift?« Niemand gab eine Antwort. Ugo hatte mit seinem ewigen Gläserspülen aufgehört, und alle sahen angeekelt auf das bleiche Gesicht des Ofensetzers.

»Sie kommen von unten«, sagte er. »Diese da drehte sich um und wühlte sich mit ein paar Bewegungen unter den Kater und verbiß sich in seinem Hals. Der Kater raste wie ein Irrsinniger ein paarmal durch den Saal, aber er bekam die Ratte nicht von seinem Hals weg, und zuerst schoß das Blut aus seinem Hals wie eine kleine Fontäne hoch, aber dann sickerte es nur noch, und er konnte nichts anderes tun, als die Kopfhaut und die Rückenhaut der Ratte mit seinen Krallen und seinen Zähnen aufreißen. Das Katzenblut und das Rattenblut versauten den ganzen Saal. Ein paar von den Mönchen schrien geradezu vor Entsetzen.«

»Mach's kurz!« sagte einer von Ugos Gästen, und ein anderer: »So genau wollten wir's nicht wissen.«

»Ich hab euch ja gewarnt«, erwiderte Giuseppe. »Ich bin auch schon fertig. Nur von dem Prior muß ich noch etwas erzählen. Als wir es beinahe nicht mehr ausgehalten hätten, hörten wir Schritte auf dem Gang, und der Pater Bruno kam mit der Schaufel herein. Er blieb erschrocken stehen, als er sah, was vorging, aber der Pater Prior war mit ein paar Schritten bei ihm und nahm ihm die Schaufel aus der Hand. Ich hatte gedacht, er wolle die Schaufel, um die Ratte damit totzuschlagen, aber er tat etwas ganz anderes. Er schob die Schaufel unter die beiden Tiere, die jetzt in der Mitte des Saales miteinander kämpften, sie kämpften nun schon langsamer, ineinander vergraben, die Schaufel war zu klein, um die beiden verrückten Riesenviecher zu fassen, aber sie ließen nicht voneinander ab, und so hingen sie rechts und links von der Schaufel herunter, das eine ekelhaft gelb und das andere dreckig weiß und beide von Blut überströmt, und der Prior schrie uns plötzlich an: ›Steht doch nicht herum! Öffnet ein Fenster!‹, und ich riß eines der großen Fenster im Refektorium auf, und der Prior trug die Schaufel zum Fenster und kippte die Tiere hinaus. Wir hörten das Klatschen, mit dem sie unten auf das Wasser des Kanals aufschlugen. Keiner schaute hinaus, nur der Prior, und dann drehte er sich wieder zu uns um, gab dem Pater Bruno die Schaufel zurück und sagte: ›Waschen Sie das Blut ab!‹ und zu den anderen sagte er: ›Holt Eimer und Besen, damit wir das Refektorium schnell wieder sauberkriegen!‹ und zu mir sagte er: ›Glauben Sie, daß Sie den Kamin heute abend in

191

Ordnung haben?‹, und ich sagte ›ja‹ und fing gleich mit der Arbeit an, aber eine Weile später mußte ich hinaus auf die Toilette, weil es mir hochkam.«

»Salute«, sagte Ugo, »ich gebe eine Runde Grappa aus. Wer will keinen?« Niemand sagte nein, und Ugo stellte die Gläser auf den Tisch.

»Das ist ein Mann, der Prior«, sagte Giuseppe, »er ist nicht nur gelehrt, er weiß auch wirklich etwas, und nicht nur das: er tut auch etwas. Er war der einzige von uns, der sich die Sache ansah und im voraus wußte, was zu tun war, und etwas tat.«

»Kurz und gut – ein Mann wie der liebe Gott. Du brauchst es nicht noch einmal zu betonen«, sagte Ugo.

»Ihr werdet es komisch finden«, sagte Giuseppe Rossi, der Ofensetzer, »als er so ruhig im Saal stand, mit gekreuzten Armen, während die Viecher herumtobten und wir von einer Ecke in die andere sprangen, da dachte ich einen Moment lang: das ist kein Mensch.«

Spät in der Nacht ging Fabio mit Giuseppe nach Hause. Rossi wohnte in der Nähe von San Samuele, so daß sie ein Stück weit den gleichen Weg hatten. Als sie sich verabschiedeten, vor der Tür, hinter der sich seine Werkstatt befand, sagte der Ofensetzer unvermittelt: »Er ist aber doch ein Mensch.«

»Du meinst den Prior?« fragte Fabio. Ohne eine Antwort abzuwarten, fügte er hinzu: »Sicherlich ist er ein Mensch.«

»Er äußerte etwas Seltsames«, sagte Giuseppe. »Als ich ging, gab er mir die Hand und fragte: ›Geht's Ihnen wieder besser?‹, und als ich nickte, sagte er bedauernd: ›Diese unvernünftigen Tiere!‹ Und dann fragte er mich: ›Finden Sie nicht, daß Gott den Tieren etwas mehr Vernunft hätte verleihen können?‹«

Fabio stieß einen Laut der Verwunderung aus.

»Nicht wahr, das ist doch eine merkwürdige Frage?« sagte Giuseppe.

»Für einen Mönch ist sie ungewöhnlich«, stimmte Fabio zu.

»Und dabei sieht er aus wie ein wirklich frommer Mann«, sagte Giuseppe. »Ich wußte nicht, was ich ihm antworten sollte, und er hat auch, glaube ich, keine Antwort erwartet. Aber ich frage mich jetzt, Fabio, ob man fromm sein kann, richtig fromm, und doch nicht alles für richtig zu halten braucht, was Gott tut.«

Die Nacht war, wie die Nächte in Venedig sind: still. Still, aber nicht tot. Fabio hörte das Wasser des Canalazzo an den Landesteg von San Samuele klatschen.

»Ich weiß es nicht«, antwortete er.

Friedrich Hebbel
Die Katze

Ja, das Kätzchen hat gestohlen,
Und das Kätzchen wird ertränkt.
Nachbars Peter soll es holen,
Daß er es im Teich versenkt.«

Nachbars Peter hat's vernommen,
Ungerufen kommt er schon.
»Ist die Diebin zu bekommen,
Gebe ich ihr gern den Lohn.«

»Mutter, nein, er will sie quälen.
Gestern warf er schon nach ihr;
Bleibt nichts andres mehr zu wählen,
So ertränk' ich selbst das Tier.«

Sieh, das Kätzchen kommt gesprungen,
Wie es glänzt im Morgenstrahl!
Lustig hüpft's dem kleinen Jungen
Auf den Arm zu seiner Qual.

»Mutter, laß das Kätzchen leben;
Jedesmal, wenn's dich bestiehlt,
Sollst du mir kein Frühstück geben.
Sich nur, wie es artig spielt!«

»Nein, der Vater hat's geboten,
Hundertmal ist ihr verziehn!«
»Hat sie doch vier weiße Pfoten.«
»Einerlei, ihr Tag erschien!«

»Nachbarin, ich folg' ihm leise,
Ob er es auch wirklich tut!«
Peter spricht es häm'scher Weise,
Und der Knabe hört's mit Wut.

Unterwegs auf manchem Platze
Bietet er sein Liebchen aus,
Aber keiner will die Katze,
Jeder hat sie längst im Haus.

Ach, da ist er schon am Teiche,
Und sein Blick, sein scheuer, schweift,
Ob ihn Peter noch umschleiche. –
Ja, er steht von fern und pfeift.

»Nun, wir müssen alle sterben,
Großmama ging dir vorauf,
Und du wirst den Himmel erben,
Kratze nur, sie macht dir auf!«

Jetzt, um sie recht tief zu betten,
Wirft er sie mit aller Macht;
Doch zugleich, um sie zu retten,
Springt er nach, als er's vollbracht.

Eilte Peter nicht, der lange,
Gleich im Augenblick herzu,
Fände er, es ist mir bange,
Hier im Teich die ew'ge Ruh.

In das Haus zurückgetragen,
Hört er auf die Mutter nicht,
Schweigt auf alle ihre Fragen,
Schließt die Augen trotzig dicht.

Von dem Zucker, den sie brachte,
Nimmt er zwar zerstreut ein Stück;
Doch den Tee, den sie ihm machte,
Weist er ungestüm zurück.

Welch ein Ton! Er dreht sich stutzend,
Und auf einer Fensterbank,
Spinnend und sich emsig putzend,
Sitzt sein Kätzchen blink und blank.

»Lebt sie, Mutter?« – »Dem Verderben
Warst du näher, Kind, als sie!«
»Und sie soll auch nicht mehr sterben?«
»Trinke nur, so soll sie's nie!«

Iwan Andrejewitsch Krylow
Die Katze und die Nachtigall

Es fiel einst eine Nachtigall
der Katze in die scharfen Klauen.
Die fing an, freundlich lächelnd zu ihr zu miauen:
    »Mein süßes Vöglein, überall
hört man, daß dein Gesang die höchste Kunst erreiche,
daß kaum ein Sänger sich mit dir vergleiche;
    Gevatter Fuchs belehrte mich,
von deiner Wunderstimme schmelzend-zartem Klange,
    von deinem reizenden Gesange
    seien Hirte wie auch Hirtin außer sich.
    Sing mir was vor, und so kann ich es selbst ermessen
Hab keine Angst vor mir, und laß das Zittern sein,
sei doch nicht so verstockt, ich will dich ja nicht fressen
mit einem kleinen Liede kannst du dich befrein,
und fröhlich weiter fliegen hin durch Wald und Hain.
An Liebe für die Kunst weich ich nicht Nachtigallen:
in mancher Nacht hört man auch meine Lieder schallen
    Die Nachtigall indessen, ach!
    in ihren Tatzen atmet nur noch schwach.
    »Nun, wird's bald?« sagt die Katze wieder,
    »Sing endlich eines deiner Lieder.«
Doch unser Sänger piepste nur matt und bedrückt.
    »Damit also hast du den Wald entzückt?«
    so fragt die Katze wieder spöttisch.
    »Das also ist's, was so abgöttisch
    man preist? Das nenn ich nicht einmal gesungen.
Derlei verdrösse mich sogar an meinen Jungen.

Nein, diese Gabe ist dir scheinbar nicht beschieden.
  Das hält nicht Takt noch Melodie.
Vielleicht kannst du dafür dem Gaumen etwas bieten.«
  Und damit fraß den Sänger sie mit Wohlgefallen.

Versteht ihr wohl von dieser Fabel die Moral?
  Schlecht singt sich's für die Nachtigall in Katzenkrallen.

Robert Walser
Der Roman

Hermann Hesse
Scherzgedicht

Wenn man so beim Fische-Essen
Beispielsweise Felchen sitzt,
Kann man dessen nie vergessen,
Der hernach die Köpfe frißt.

Zum Frühstück gab es Brötchen,
Hierzu trank man Kaffee;
Die Katze und ihr Pfötchen
Noch heut' ich vor mir seh.

Ich schuf um jene Zeiten
Auf hübsch geblümtem Tuch,
Erfolg mir zu erstreiten,
Ein umfangreiches Buch.

Durch Tage, Nächte, Wochen,
In schweigendem Gelaß,
Schrieb ich ununterbrochen.
Was für ein Fleiß war das!

Der Katze leises Raunen
Trieb mich zum Dichten an.
Aus einer Schar von Launen
Erstand mir der Roman.

Theodor Storm
Von Katzen

Vergangnen Maitag brachte meine Katze
zur Welt sechs allerliebste kleine Kätzchen,
Maikätzchen, alle weiß mit schwarzen Schwänzchen.
Fürwahr, es war ein zierlich Wochenbettchen!
Die Köchin aber – Köchinnen sind grausam,
und Menschlichkeit wächst nicht in einer Küche –,
die wollte von den sechsen fünf ertränken,
fünf weiße, schwarzgeschwänzte Maienkätzchen
ermorden wollte dies verruchte Weib.
Ich half ihr heim! – der Himmel segne
mir meine Menschlichkeit! Die lieben Kätzchen,
sie wuchsen auf und schritten binnen kurzem
erhobnen Schwanzes über Hof und Herd;
ja, wie die Köchin auch ingrimmig dreinsah,
sie wuchsen auf, und nachts vor ihrem Fenster
probierten sie die allerliebsten Stimmchen.
Ich aber, wie ich sie so wachsen sahe,
ich pries mich selbst und meine Menschlichkeit. –
Ein Jahr ist um, und Katzen sind die Kätzchen,
und Maitag ist's! – Wie soll ich es beschreiben,
das Schauspiel, das sich jetzt vor mir entfaltet!
Mein ganzes Haus, vom Keller bis zum Giebel,
ein jeder Winkel ist ein Wochenbettchen!
Hier liegt das eine, dort das andre Kätzchen,
in Schränken, Körben, unterm Tisch und Treppen,
die Alte gar – nein, es ist unaussprechlich,
liegt in der Köchin jungfräulichem Bette!

Und jede, jede von den sieben Katzen
hat sieben, denkt euch! sieben junge Kätzchen,
Maikätzchen, alle weiß mit schwarzen Schwänzchen!
Die Köchin rast, ich kann der blinden Wut
nicht Schranken setzen dieses Frauenzimmers;
ersäufen will sie alle neunundvierzig!
Mir selber, ach, mir läuft der Kopf davon –
o Menschlichkeit, wie soll ich dich bewahren!
Was fang ich an mit sechsundfünfzig Katzen!

Nachspiel

Ob ich nun mit jener Katze meine eigene gemeint,
oder Nachbars alte Katze, was nicht gar unmöglich scheint,
oder gar des Bürgermeisters, gar des Präsidenten Vieh,
oder – was doch ganz unglaublich – Katzen aus der Phantasie,
dieses zu erraten will ich allen Guten anempfehlen,
deren liebevolle Zähne sich mit solchen Nüssen quälen.

Raymond Chandler
Die erste und die zweite Taki

An Hamish Hamilton

Ich habe da wohl irgendwas gesagt, was Dich auf den Gedanken gebracht hat, Katzen seien mir verhaßt. Aber um Gott, Sir, einen so fanatischen Katzenliebhaber wie mich gibt es in der ganzen Branche nicht wieder! Wenn sie Dir verhaßt sind, werde ich unter Umständen Dich hassen lernen. Falls Deine Allergien daran schuld sind, will ich die Situation, so gut ich's kann, tolerieren. Wir haben eine schwarze Angorakatze, die jetzt fast 19 Jahre alt ist und die wir nicht für einen der riesigen Türme von Manhattan hergeben würden.

26. Januar 1950

An H. N. Swanson

Unsere kleine schwarze Katze mußte gestern morgen eingeschläfert werden. Wir sind ganz gebrochen davon. Sie war fast 20 Jahre alt. Wir sahen es kommen, natürlich, hofften aber immer noch, sie könnte neue Kraft finden. Aber als sie zu schwach wurde, um sich noch auf den Beinen zu halten, und praktisch aufhörte zu essen, blieb nichts anderes mehr übrig. Man macht das jetzt auf eine wunderbare Art. In eine Vene des Vorderlaufs wird Nembutal injiziert, und das Tier ist einfach nicht mehr da. Es schläft in zehn Sekunden ein. Schade, daß man es mit den Menschen nicht ebenso machen kann.

15. Dezember 1950

An Hamish Hamilton

. . . Unser Weihnachten war nicht besonders froh, da wir unsere schwarze Angorakatze verloren haben, die fast zwanzig Jahre bei uns gewesen war und so zu unserm Leben gehörte, daß wir uns jetzt geradezu fürchten, in das stille leere Haus zu kommen, wenn wir abends fort waren. Zufällig traf es sich, daß Elmer Davis, den Du vielleicht kennst, kurz vorher seine weiße Angorakatze verlor, General Gray. Und ich konnte mich so gut in ihn hineinfühlen (obwohl Taki damals noch gar nicht so krank war, daß wir uns wirkliche Sorgen um sie machten), daß ich ihm schreiben und mein Mitgefühl ausdrücken mußte. Ich habe mein Leben lang Katzen gehabt und immer gefunden, daß sie fast so unterschiedlich sind wie die Menschen auch und daß sie, ganz wie Kinder, großenteils so werden, wie man sie behandelt, höchstens daß es hier und da ein paar wenige gibt, die nicht verzogen werden können. Aber vielleicht gilt das für Kinder ebenso. Taki war von absoluter Ausgeglichenheit, was bei Tieren wie bei Menschen eine seltene Eigenschaft ist. Und sie war völlig frei von Grausamkeit, was noch seltener ist bei Tieren. Ich habe nie Leute gemocht, die keine Katzen mochten, weil in ihrer Gemütslage immer ein Element greller Selbstsucht zu finden war. Zugegeben, eine Katze bringt einem nicht die Art Liebe entgegen, die ein Hund einem schenkt. Eine Katze führt sich nie so auf, als ob man der einzige Lichtblick in ihrem sonst ganz trüben Dasein wäre. Aber damit ist nur auf andere Weise gesagt, daß die Katze kein sentimentales Wesen ist, was keineswegs bedeutet, daß sie etwa keine herzlichen Gefühle hätte.

9. Januar 1951

An James Sandoe

Dank für Ihren Brief und die Weihnachtskarte. Ich habe in diesem Jahr nichts verschickt. Wir waren ein bißchen mitgenommen vom Tod unserer schwarzen Angorakatze. Wenn ich sage, ein bißchen mitgenommen, dann ist das konventionelle Distanz. In Wirklichkeit war es eine Tragödie für uns ...

10. Januar 1951

An Hamish Hamilton

Danke für alles, was Du über Katzen geschrieben hast und über Deine Freunde, die Katzenliebhaber sind. Nach einer Weile werden wir uns, denke ich, eine neue Katze zulegen oder lieber noch gleich zwei. Elmer Davis sagt, seine Frau und er haben sich entschlossen, keine neue mehr zu nehmen, weil sie wahrscheinlich länger leben würde als sie beide. Das scheint mir doch ein wunderlicher Gesichtspunkt zu sein. Er muß sich recht alt fühlen. Wenn es danach ginge, dürften Kinder nie Eltern haben, Frauen nie Männer heiraten, die zehn Jahre älter sind als sie selbst, niemand dürfte dem Wunsch nachgeben, ein Pferd zu besitzen oder überhaupt irgendwas, von dem ihm eines Tages Verlust droht. Wehe, wehe, wehe (ich glaube, ich zitiere da mehr oder weniger Ezra Pound), über ein kleines werden wir alle tot sein. Lasset uns deshalb so tun und handeln, als wären wir's bereits.

5. Februar 1951

An James Sandoe

. . . Wie geht's denn Ihren sämtlichen Katzen? Wir haben eine neue schwarze Angora, die genau so aussieht wie unsere letzte, so aufs Haar genau, daß wir ihr auch denselben Namen gegeben haben, Taki. Er – denn es ist diesmal ein Er – wird ein großer Bursche werden, glaube ich, wenn er voll ausgewachsen ist, denn er wiegt schon jetzt mit sieben Monaten acht Pfund. Ich hatte vorher eine Zeitlang ein Siam-Kätzchen, aber der kleine Kerl krallte und biß alles in Fetzen, und seine Behandlung brachte soviel Schwierigkeiten mit sich, daß ich ihn dem Züchter zurückbringen mußte. Mir war dabei ziemlich schlimm zumute, denn er war ein liebevoller kleiner Teufel und steckte voller Leben. Aber er zerriß mir die Decken und zerriß mir die Anzüge und hätte am Ende wohl noch die gesamte Einrichtung ruiniert. Wir konnten ihn einfach nicht frei herumlaufen lassen, und eine Katze, die nicht frei laufen kann in unserem Haus, ist darin fehl am Platze. Auf der Straße lassen wir sie nie frei laufen, aber im Haus gehört ihnen alles.

31. Oktober 1951

Alfred Polgar

Idyll

Im Hause sind zwei Kätzchen, drei Wochen alt. Ein schwarzes, ein licht- und dunkelgrau gestreiftes. Mitsammen haben sie in der hohlen Hand Platz. Das schwarze ist pechschwarz, teufelsschwarz, das graue hat weiß passepoilierte Ohren. Wenn man die Kätzchen hochhebt – und wer, der ihrer habhaft werden kann, täte das, mit vielerlei Tönchen des Entzückens, nicht? –, greinen sie in dünnerer Fistelstimme, als sie sonst irgendein Lebewesen hervorzubringen vermöchte. Mancher Besucherin muß man die Katzenkinder rasch wieder wegnehmen, weil sie sonst in Zärtlichkeit zerdrückt würden; es gibt auch kaum eine, die nicht den Wunsch sie zu zerdrücken äußern würde. Seit kurzem fangen die herzigen Bestien (selbst das Böse en miniature ist herzig) schon an, sich mit der Umwelt selbständig zu befassen und erste schüchterne Spielbeziehungen aufzunehmen. Sie berühren einander mit zaghaften Pfoten, und in dieser Geste läßt sich schon, keimhaft vorgebildet, die Figuration des Prankenhiebs erkennen. Das graue Kätzchen zappelt heftig, wenn man es faßt. Das schwarze duldet den zärtlichen Griff nach sehr kurzem, mehr formellem Widerstand. Es ist ein Weibchen. Die Mutter Katze gibt ihren Jungen in zwangloser Folge zu trinken und leckt sie sauber. Zuweilen verschleppt sie eines von den Kindern unter den Diwan oder in die Küche zwischen Herd und Wand. Vermutlich eine Art Erziehungsmaßregel oder Strafe (›in der Ecke stehen‹). Darin erschöpft sich das Familienleben.

Im übrigen geht die Mutterkatze ihre eigenen Wege, die zumeist Jagdwege sind. Sie wird im Haus ›die Alte‹ genannt, obschon sie selber erst vor acht Monaten geboren wurde. Noch nicht ein einziges Mal hat sie das volle Rund der Jahreszeiten durchgelebt, die Institution des Herbstes ist ihr noch fremd – und doch schon ›die Alte‹. Das Jagdglück ist ihr hold, kaum ein Tag, an dem sie nicht, stundenlang geduldig auf den günstigen Augenblick wartend, einen Vogel erwischt und abwürgt. Die kleinen Kätzchen sehen dem interessiert zu, lernen Raubtier. Peter, der Schäferhund, zählt vierzehn Jahre; er muß also, obschon noch recht gesund, bald sterben, die Natur wird ihm kaum noch groß prolongieren, sein Kapital an Erdenzeit ist so ziemlich aufgebraucht. Peter scheint das zu wissen und ist bestrebt, solange noch das Lämpchen glüht, ein Maximum an Fraß in sich hineinzukriegen. Die Katzen beschnüffelt er dann und wann, aber nur im Vorübergehen und mehr automatisch als zweckbewußt.

Dritte Tierspezies im idyllischen Verein ist ein Menschenkind, doppelt so alt – sechzehn Monate – wie die Katze, die schon Kinder hat und schon mit Lust das Geschäft des Tötens betreibt. Das Menschenkind befindet sich tagsüber in einer Gehschule, einer Art Käfig ohne Decke, in dem es, betrunken von Neuheit des Daseins, herumtorkelt. Es hat Angst vor den Kätzchen und der Katze, hingegen keine vor Peter.

Inmitten der Menagerie – deren Warmblüterbestand man sich noch durch gelegentlich heranirrende Hühner und eine salatstechende Köchin Marie komplettiert denken muß – steht ein Streckfauteuil, und auf ihm ruht, einen Teller mit Butterbrot zur Seite, die Hausfrau, liest die Zeitung und unterbricht nur zuweilen ihre Lektüre, um mit einer Klapper aus Galalith dem Bedürfnis des Kindchens nach Zerstreuung und Beachtetwerden zu entsprechen. Das Kind, hört es die Klapper, greift ins Leere. Eine Aktion, die es im Verlauf seines hoffentlich langen Lebens noch oft wiederholen wird und mit gleichem selbstverständlichem Mißerfolg. Es wird schon sehen.

Das war im Sommer. Im frühen Herbst nahm das Idyll eine tragische Wendung. Vorzeichen kündeten sie an. Die Köchin Marie verließ den Dienst, um in ihrem heimatlichen Tal bei der Erntearbeit zu helfen. Aber in Wahrheit ging sie, weil sie Lieb im Leibe hatte und für den Anspruch, der solchen inneren Zustand begleitet, soweit sie auch im Nahen suchte, keine Erfüllung fand. Sie nahm trockenen Abschied von Frau und Kindchen, aber tränenfeuchten von Hund und Katzen. Viele Wundspuren trug sie im Gesicht und an den Händen, Narben ihres Bedürfnisses nach Zärtlichkeit, das von den geliebkosten Tieren zuweilen ungeduldig abgelehnt worden war. Die Katzen, weicheren Regungen selten unterliegend und durch nichts zu bestechen, ihnen so gar nicht artgemäße Gefühle wie Freundschaft oder Anhänglichkeit auch nur zu markieren, nahmen den Weggang der Köchin in Gleichmut hin. Der Hund heulte bitterlich. Wenige Tage später starb er. Ob aus Kummer über die Trennung von Marie oder weil ihn das Leben ohne die Überfütterung, die sie ihm hatte zuteil werden lassen, nicht mehr freute, das steht dahin.

Kurz darauf ereignete sich das Unglück mit dem schwarzen Kätzchen. Es war ein besonderes Exemplar seiner Gattung, heiteren Gemüts, ein Raubtier nur aus ererbtem Muß, nicht aus Lust am Morden, und wenn es auch schon eifrig fing und tötete – es dachte sich (das merkte man) nicht viel dabei. Es lief und sprang einfach nach dem, was sich bewegte, nach Mäusen wie nach Wollknäueln, immer war alles nur Spiel, und daß die zartere Konstitution einer Maus solches Spiel um vieles schlechter verträgt als ein Wollknäuel, also dafür konnte die Katze nichts. Zum Verhängnis aber wurde Betsy, so hieß sie, ihre wunderliche Leidenschaft für Glän-

zendes, Schimmerndes, Glitzerndes. Betsy jagte nach Sonnenflecken, die zwischen den Bäumen zitterten, und stundenlang ging sie, sinnlich erregt, um die gläserne Kugel im Blumenbeet herum, wie sonst Katzen nur um den heißen Brei. Ja, sie strebte zum Licht. Ist dies schon bei vernunftbegabten Lebewesen ein gefährliches Streben, das sich an ihnen rächt, beziehungsweise an ihnen gerächt wird . . ., um wieviel mehr bei solchem jeder geistigen Kontrolle entratendem Geschöpf, wie ein drei Monate altes Katzenkind es vorstellt. Eines strahlend schönen Herbsttages wurde die Gartenwiese gemäht, die Sense blitzte silbrig, und mit einem Sprung, der, Zeugen behaupten dies, etwas Ekstatisches gehabt haben soll, stürzte die Katze in das Funkelnde hinein. Da wurde einmal das Bild vom Tod mit der Sense Wirklichkeit.

Allen, die das schwarze Kätzchen kannten, wird die Nachricht von seinem jähen Hingang ein Wort des Bedauerns entlocken. Sein Leben war kurz, aber reich an Spaß und Freude, die es hatte und anderen machte. Segen der Anmut ruhte auf seiner Ruhe und seiner Bewegung. Wie es war, war es vollkommen, gab vieles, verlangte nichts. Und in den Gesichtern der Menschen, ihm zugewandt, verdämmerte die Bosheit.

Wilhelm Busch
Hund und Katze

Miezel, eine schlaue Katze,
Molly, ein begabter Hund,
Wohnhaft an demselben Platze,
Haßten sich aus Herzensgrund.

Schon der Ausdruck ihrer Mienen,
Bei gesträubter Haarfrisur,
Zeigt es deutlich: Zwischen ihnen
Ist von Liebe keine Spur.

Doch wenn Miezel in dem Baume,
Wo sie meistens hin entwich,
Friedlich dasitzt, wie im Traume,
Dann ist Molly außer sich.

Beide lebten in der Scheune,
Die gefüllt mit frischem Heu.
Alle beide hatten Kleine,
Molly zwei und Miezel drei.

Einst zur Jagd ging Miezel wieder
Auf das Feld. Da geht es bumm.
Der Herr Förster schoß sie nieder.
Ihre Lebenszeit ist um.

Oh, wie jämmerlich miauen
Die drei Kinderchen daheim.
Molly eilt, sie zu beschauen,
Und ihr Herz geht aus dem Leim.

Und sie trägt sie kurz entschlossen
Zu der eignen Lagerstatt,
Wo sie nunmehr fünf Genossen
An der Brust zu Gaste hat.

Mensch mit traurigem Gesichte,
Sprich nicht nur von Leid und Streit.
Selbst in Brehms Naturgeschichte
Findet sich Barmherzigkeit.

Inhalt

Nachweise und Lebensdaten

Alfred ANDERSCH (4. 2. 1914, München – 21. 2. 1980, Berzona, Tessin)
Grausiges Erlebnis eines venezianischen Ofensetzers
Aus: Andersch, *Meistererzählungen.* Diogenes Verlag, Zürich 1992 (detebe 22477)

Charles BAUDELAIRE (Paris, 9. 4. 1821 bis 31. 8. 1867)
Die Katzen,
Die Katze
Aus: *Die allerliebsten Kätzchen.* Diogenes Verlag, Zürich 1983

Hilaire BELLOC (27. 7. 1870, St. Cloud bei Paris – 16. 7. 1953, Shipley bei London)
Konversation mit einer Katze
Deutsch von Rudolf Rocholl

Rainer BRAMBACH (Basel, 22. 1. 1917 bis 13. 8. 1983)
Stanislaus
Aus: *Heiterkeit im Garten.* Diogenes Verlag, Zürich 1989

Wilhelm BUSCH (15. 4. 1832, Wiedensahl/Hannover – 9. 1. 1908, Mechthausen/Harz)
Jaja!
Hund und Katze

Karel ČAPEK (9. 1. 1890, Kleinschwadowitz (Svatáňovice) – 25. 12. 1938, Prag)
Die unsterbliche Katze

Raymond CHANDLER (23. 7. 1888, Chicago – 26. 3. 1959, La Jolla, Kalifornien)
Die erste und die zweite Taki
Aus dem Amerikanischen von Hans Wollschläger
Aus: *Die simple Kunst des Mordes. Briefe, Essays, Notizen, eine Geschichte und ein Romanfragment.* Herausgegeben von Dorothy Gardiner und Katherine Sorley Walker. Diogenes Verlag, Zürich 1975

COLETTE (28. 1. 1873, Saint-Sauveur-en-Puisaye/Yonne – 3. 8. 1954, Paris)
»Prrou«

Deutsch von Erna Redtenbacher und Helene M. Reiff
Aus: *Friede bei den Tieren.* © Paul Zsolnay Verlag Gesellschaft m.b.H., Wien 1931, 1953 und 1981

Axel EGGEBRECHT (10. 1. 1899, Leipzig – 14. 7. 1991, Hamburg)
Form
Aus: *Katzen.* © Verlags AG »Die Arche«, Zürich 1967, 1990

T. S. ELIOT (26. 9. 1888, St. Louis/Missouri – 4. 1. 1965, London)
Wie heißen die Katzen
Ins Deutsche übertragen von Erich Kästner
Aus: *Old Possums Katzenbuch.* © Suhrkamp Verlag, Frankfurt/Main 1977

Paul GALLICO (26. 7. 1897, New York bis 15. 7. 1976, Monte Carlo)
Wie ich mein Heim eroberte
Aus dem Amerikanischen von Marta Jacober-Züllig
Aus: *Miau sagt mehr als tausend Worte* © Müller Rüschlikon Verlags AG, CH-6330 Cham 1981

Johann Wilhelm Ludwig GLEIM (2. 4. 1719, Ermsleben bei Halberstadt – 18. 2. 1803, Halberstadt)
Des Äsopus Katze

Johann Wolfgang von GOETHE (28. 8. 1749, Frankfurt am Main – 22. 3. 1832, Weimar)
Begünstigte Tiere

Frederick Stuart GREENE (1870 – 1939)
Die Rache der Katze
Aus dem Amerikanischen von Marga Ruperti
Aus: *Liebe zu Katzen.* Herausgegeben von Era Zistel. © Albert Müller Verlag, Rüschlikon-Zürich o. J.

Brüder GRIMM (Jacob Ludwig Carl Grimm, 4. 1. 1785, Hanau – 20. 9. 1863, Berlin, und Wilhelm Karl Grimm, 24. 2. 1786, Hanau – 16. 12. 1859, Berlin)
Der gestiefelte Kater

Friedrich HEBBEL (18. 3. 1813, Wesselburen/Dithmarschen – 13. 12. 1863, Wien)
Die Katze

Elke HEIDENREICH (1943, Ruhrgebiet, lebt in Köln)
Liebe Klara
Aus: *Lesebuch für Katzenfreunde.* Herausgegeben von Manuela A. Heise. Rowohlt Verlag GmbH, Reinbek 1992.
© Elke Heidenreich

Heinrich HEINE (13. 12. 1797, Düsseldorf – 17. 2. 1856, Paris)
Mimi

Ernest HEMINGWAY (21. 7. 1899, Oak Park, Ill. – 2. 7. 1961, Ketchum, Idaho)
Katze im Regen
Deutsch von Annemarie Horschitz-Horst
Aus: *49 Stories.* © Rowohlt Verlag GmbH, Hamburg 1950

Hermann HESSE (2. 7. 1877, Calw/Württemberg – 9. 8. 1962, Montagnola, Tessin)
Scherzgedicht
Aus: *Hermann Hesse. Sein Leben in Bildern und Texten.* © Suhrkamp Verlag, Frankfurt/Main 1978

Patricia HIGHSMITH (19. 1. 1921, Fort Worth, Texas – 4. 2. 1995, Locarno, Tessin)
Leer ist das Vogelhaus
Aus dem Amerikanischen von Anne Uhde
Aus: *Der Schneckenforscher.* Diogenes Verlag, Zürich 1978 (detebe 20347)

Rudyard KIPLING (30. 12. 1865, Bombay – 18. 1. 1936, London)
Die Katze geht ihre eigenen Wege
Deutsch von Hans Rothe
Aus: *Das kommt davon* in *Gesammelte Werke*. © Paul List Verlag in der Südwest Verlag GmbH & Co. KG, München o. J.

Iwan Andrejewitsch KRYLOW (12. 2. 1768, Moskau – 22. 11. 1844, Petersburg)
Die Katze und die Nachtigall

Jean de LA FONTAINE (8. 7. 1621, Château-Thierry Champagne – 14. 4. 1695, Paris)
Die alte Katze und die junge Maus
Aus dem Französischen von Ernst Dohm und Gustav Fabricius
Aus: *Sämtliche Fabeln*. © Artemis & Winkler Verlag, München 1978

Magnus Gottfried LICHTWER (30. 1. 1719, Wurzen bei Leipzig – 7. 7. 1783, Halberstadt)
Die Katzen und der Hausherr

Gerhard von MINDEN (14. Jh., Mitteldeutschland)
Der Kater als Bischof

Christian MORGENSTERN (6. 5. 1871, München – 31. 3. 1914, Meran)
Der Kater

Gottlieb Konrad PFEFFEL (Colmar, 28. 6. 1736 – 1. 5. 1809)
Das Kätzchen

Edgar Allan POE (19. 1. 1809, Boston bis 7. 10. 1849, Baltimore)
Die schwarze Katze
Deutsch von Gisela Etzel
Aus: *Die schwarze Katze*. Diogenes Verlag, Zürich 1984 (detebe 21183)

Alfred POLGAR (17. 10. 1873, Wien – 24. 4. 1955, Zürich)
Idyll

Aus: *Kleine Schriften*. © Rowohlt Verlag GmbH, Reinbek 1983

Joachim RINGELNATZ (7. 8. 1883, Wurzen – 11. 11. 1934, Berlin)
Schöne Frau'n mit schönen Katzen
Aus: *und auf einmal steht es neben dir. Gesammelte Gedichte*. Diogenes Verlag, Zürich 1994

Charles G. D. ROBERTS (10. 1. 1860, Douglas/New Brunswick – 26. 11. 1943, Toronto)
Die Katze, die Robinson spielen mußte
Aus dem Amerikanischen von Marga Ruperti
Aus: *Liebe zu Katzen*. Herausgegeben von Era Zistel. © Albert Müller Verlag, Rüschlikon-Zürich o. J.

Hans SACHS (Nürnberg, 5. 11. 1494 bis 19. 1. 1576)
Von den Katzen und einem Wolf

SAKI (18. 12. 1870, Akyab/Burma – 14. 11. 1916, Beaumont-Hamel)
Tobermory
Aus dem Englischen von Günter Eichel
Aus: Saki, *Meistererzählungen*. Diogenes Verlag, Zürich 1964, 1973, 1993 (detebe 22594)

Gustav SCHWAB (Stuttgart, 19. 6. 1792 bis 4. 11. 1850)
Wie durch eine Katze ganz Schilda abbrannte

M. Mackenzie SCOTT
Das Geburtstagsgeschenk
Aus dem Amerikanischen von Marga Ruperti
Aus: *Liebe zu Katzen*. Herausgegeben von Era Zistel. © Albert Müller Verlag, Rüschlikon-Zürich o. J.

Theodor STORM (14. 9. 1817, Husum bis 4. 7. 1888, Hademarschen/Schleswig-Holstein)
Von Katzen

Ludwig TIECK (Berlin, 31. 5. 1773 – 28. 4. 1853)
Misekätzchen

Kurt TUCHOLSKY (9. 1. 1890, Berlin – 21. 12. 1935, Hindås bei Göteborg)
Brief an einen Kater
Aus: *Gesammelte Werke*. © Rowohlt Verlag GmbH, Reinbek 1960

Robert WALSER (15. 4. 1878, Biel – 25. 12. 1956, Herisau)
Der Roman
Aus: *Die Gedichte*. © Suhrkamp Verlag, Zürich/Frankfurt am Main 1986, mit Genehmigung der Inhaberin der Rechte, der Carl Seelig-Stiftung, Zürich

Charles Dudley WARNER (12. 9. 1829, Plainfield, Mass. – 20. 10. 1900, Hartford, Conn.)
Calvin, der Musterkater
Aus dem Amerikanischen von Marga Ruperti
Aus: *Liebe zu Katzen*. Herausgegeben von Era Zistel. © Albert Müller Verlag, Rüschlikon-Zürich o. J.

Johann Gottlieb WILLAMOW (15. 1. 1736, Mohrungen – 6. 5. 1777, Petersburg)
Die Katze, die alte und die junge Maus

Emile ZOLA (Paris, 2. 4. 1840 – 29. 9. 1902)
Das Paradies der Katzen
Deutsch von Hansjürgen Wille und Barbara Klau
Aus: *Die schönsten Katzengeschichten*. Diogenes Verlag, Zürich 1973, 1986 (detebe 21352)

Die Aphorismen wurden ins Deutsche übertragen von Renate Orth-Guttmann.

Die Autoren

TOMI UNGERER, geboren 1931 in Straßburg, lebte lange in den USA und in Kanada. Heute hält er sich teils in Irland, teils in Straßburg auf. Seit 1960 veröffentlicht er seine Bilderbücher für Erwachsene und Kinder im Diogenes Verlag.

ANNE SCHMUCKE, Herausgeberin zahlreicher Anthologien, lebt mit Dutzenden von Katzen in Zürich.

Besuchen Sie uns im Internet:
www.weltbild.de

Genehmigte Lizenzausgabe für Verlagsgruppe Weltbild GmbH,
Steinerne Furt, 86167 Augsburg
Copyright der Originalausgabe © 1995 by Diogenes Verlag AG Zürich
Umschlaggestaltung: Verlagsgruppe Weltbild GmbH, Augsburg
Umschlagmotiv: Tomi Ungerer
Gesamtherstellung: Firmengruppe APPL, aprinta druck, Wemding
Printed in the EU

ISBN 978-3-8289-9754-7

2012   2011   2010   2009
Die letzte Jahreszahl gibt die aktuelle Lizenzausgabe an.